EL CINE DE GARDEL

Julián Barsky y Osvaldo Barsky

El cine de Gardel

Vol. 1

De Patria Films a Joinville (1917-1932)

Colección UAI – Investigación

Barsky, Julián
El cine de Gardel: de Patria Films a Joinville: 1917-1932 / Julián Barsky; Osvaldo Barsky. – 1a ed. – Ciudad Autónoma de Buenos Aires: Teseo; Ciudad Autónoma de Buenos Aires: Universidad Abierta Interamericana, 2017. 270 p. ; 20 x 13 cm.
ISBN 978-987-723-134-2
1.Cine Argentino. 2. Tango. I. Barsky, Osvaldo II. Título
CDD 778.5

© UAI, Editorial, 2017

© Editorial Teseo, 2017

Teseo – UAI. Colección UAI – Investigación

Buenos Aires, Argentina

Editorial Teseo

Hecho el depósito que previene la ley 11.723

Para sugerencias o comentarios acerca del contenido de esta obra, escríbanos a: **info@editorialteseo.com**

www.editorialteseo.com

ISBN: 9789877231342

*A Paola, para quien Gardel y el tango son igual de inspiradores
que para mí*
J. B.

*A Susana, por afrontar con alegría los costos cotidianos de esta
pasión por el arte incomparable de Gardel*
O. B.

Autoridades

Rector Emérito: Dr. Edgardo Néstor De Vincenzi
Rector: Dr. Rodolfo De Vincenzi
Vice-Rector Académico: Dr. Mario Lattuada
Vice-Rector de Gestión y Evaluación: Dr. Marcelo De Vincenzi
Vice-Rector de Extensión Universitaria: Ing. Luis Franchi
Vice-Rector de Administración: Dr. Alfredo Fernández
Decano Fac. de Cs. de la Comunicación: Lic. Román Tambini

Comité editorial

Lic. Juan Fernando ADROVER
Arq. Carlos BOZZOLI
Mg. Osvaldo BARSKY
Dr. Marcos CÓRDOBA
Mg. Roberto CHERJOVSKY
Mg. Ariana DE VINCENZI
Dr. Roberto FERNÁNDEZ
Dr. Fernando GROSSO
Dr. Mario LATTUADA
Dra. Claudia PONS

Los contenidos de los libros de esta colección cuentan con evaluación académica previa a su publicación.

Presentación

La Universidad Abierta Interamericana ha planteado desde su fundación en el año 1995 una filosofía institucional en la que la enseñanza de nivel superior se encuentra integrada estrechamente con actividades de extensión y compromiso con la comunidad, y con la generación de conocimientos que contribuyan al desarrollo de la sociedad, en un marco de apertura y pluralismo de ideas.

En este escenario, la Universidad ha decidido emprender junto a la editorial Teseo una política de publicación de libros con el fin de promover la difusión de los resultados de investigación de los trabajos realizados por sus docentes e investigadores y, a través de ellos, contribuir al debate académico y al tratamiento de problemas relevantes y actuales.

La *colección investigación* TESEO – UAI abarca las distintas áreas del conocimiento, acorde a la diversidad de carreras de grado y posgrado dictadas por la institución académica en sus diferentes sedes territoriales y a partir de sus líneas estratégicas de investigación, que se extiende desde las ciencias médicas y de la salud, pasando por la tecnología informática, hasta las ciencias sociales y humanidades.

El modelo o formato de publicación y difusión elegido para esta colección merece ser destacado por posibilitar un acceso universal a sus contenidos. Además de la modalidad tradicional impresa comercializada en librerías seleccionadas y por nuevos sistemas globales de impresión y envío pago por demanda en distintos continentes, la UAI adhiere a la red internacional de acceso abierto para el conocimiento científico y a lo dispuesto por la Ley n°:

26.899 sobre *Repositorios digitales institucionales de acceso abierto en ciencia y tecnología,* sancionada por el Honorable Congreso de la Nación Argentina el 13 de noviembre de 2013, poniendo a disposición del público en forma libre y gratuita la versión digital de sus producciones en el sitio web de la Universidad.

Con esta iniciativa la Universidad Abierta Interamericana ratifica su compromiso con una educación superior que busca en forma constante mejorar su calidad y contribuir al desarrollo de la comunidad nacional e internacional en la que se encuentra inserta.

Dra. Ariadna Guaglianone
Secretaría de Investigación
Universidad Abierta Interamericana

Índice

Agradecimientos 17
Prólogo 19

Primera parte: Argentina 23
Flor de durazno 25
Encuadres de canciones 59

Segunda parte: Francia 75
Primera etapa de trabajo en Joinville 77
Segunda etapa de trabajo en Joinville 115

Conclusiones 163
Anexos 177
Bibliografía 263

Agradecimientos

Este libro fue realizado como parte del Programa de Investigación Cultura Popular y Medios de Comunicación que coordino dentro del Centro de Altos Estudios en Ciencias Sociales de la Universidad Abierta Interamericana. El programa de investigación se centra en el tango y la cultura popular, y en su vinculación con los medios de comunicación, tanto escritos y gráficos como audiovisuales. Hace dos años presentamos el primer producto de nuestras investigaciones, titulado "El tango y las instituciones. De olvido, censuras y reivindicaciones" (Teseo, 2015). En esa dirección, agradezco a las autoridades de la UAI y, muy especialmente, al Dr. Mario Lattuada por el apoyo al proyecto así como por sus sugerencias que ayudaron a darle a este, el segundo libro de nuestro programa, una mejor terminación.

Quiero agradecer la colaboración de numerosos compañeros y usuarios que, a través de las redes sociales y gracias a una pasión común por Gardel y por la cultura popular argentina, supieron proporcionarme datos e imágenes que enriquecen el presente trabajo.

Julián Barsky

Prólogo

Uno de los aspectos menos sistematizados y profundizados en la carrera artística de Carlos Gardel es su vasta trayectoria como actor y productor de cine. Vinculado tempranamente al ambiente artístico de Buenos Aires, primero como comparsa de ópera y zarzuela, y luego como parte de dúos criollos con alta interacción con las compañías teatrales, su definida vocación de actor lo haría partícipe de las primeras películas silentes vinculadas a los melodramas criollistas de gran repercusión en la década de 1910, como en *Flor de Durazno* en un rol protagónico en 1917.

"El actor del tango", como acertadamente lo llamó un periodista de época, fue partícipe central de los primeros cortos con sonido que se filmaron en 1930 en el país, en los cuales se aprecian los rasgos básicos que identificarían más adelante su personalidad como actor-cantor. Sin embargo, la precariedad en las condiciones de filmación quedó evidenciada. No hay que olvidar que desde 1923 Gardel participaba con gran éxito en el ambiente artístico europeo y que desde 1928 había desembarcado en París (epicentro del espectáculo internacional). Gardel pretendía más, y Buenos Aires aún no estaba preparada.

El éxito artístico de Gardel y su difusión a través de su creciente discografía grabada y editada en España y en Francia impactarían directamente en Florián Rey, en Adelqui Millar y en otros miembros del personal de la sección española de Paramount. Con el apoyo de la empresa y de la Compañía de Revistas del teatro Sarmiento, se concretaría su primera película en Francia, *Luces de Buenos Aires*.

Lanzado ya como estrella internacional por su alianza con Alfredo Le Pera como argumentista y poeta de sus grandes éxitos, y por la concreción con Imperio Argentina de su segunda película importante –*Melodía de arrabal*–, Gardel irrumpe en el nuevo período del cine sonoro como indiscutido *star system* de la fusión de canto criollo y tango, máxima expresión internacional de la cultura rioplatense. Su éxito impulsará más adelante procesos similares en España y en México, y sentará las bases iniciales de la expansión del cine sonoro en Hispanoamérica. Continuará en una segunda etapa consolidando este proceso en sus filmaciones en Nueva York, donde además formará su propia compañía, Éxito Production, que atraerá capitales locales y que negociará con Paramount su distribución internacional.

El objetivo de este volumen es presentar la primera etapa de dicha carrera, que se inicia con *Flor de Durazno* y que culmina con sus películas filmadas en Francia. Hemos dividido este trabajo para permitir una ampliación y profundización detallada de los elementos que habían sido presentados por nosotros en libros anteriores (ver bibliografía).

Aquí se han trabajado en profundidad los contenidos argumentales y las características fílmicas de cada película. De esta manera, se analiza *Flor de Durazno*, novela que dará lugar a la adaptación cinematográfica de Defilippis Novoa, y que significará el debut actoral de Gardel. El análisis de la novela –escrita por Martínez Zuviría (Hugo Wast)– permite situar a este melodrama dentro de la línea de *Nobleza Gaucha*, paradigma de las películas criollistas exitosas comercialmente. La rígida línea moral pergeñada por Martínez Zuviría –y traspolada luego al film–

generó una trama argumental dura, difícil de asimilar por un público que asomaba al cine nacional con curiosidad y entusiasmo.

Un trabajo similar se ha hecho con los encuadres de canciones de 1930, relativamente simples bajo las primeras armas de Eduardo Morera, expresión de las limitaciones para la filmación de cine sonoro en el país en 1930. Sin embargo, resultan un retrato válido –y cálido– de Gardel y de sus acompañantes, tal como actuaban en los teatros de época. Los estudios de Matthew B. Karush son aportes que hemos incorporado para explicar la articulación de los melodramas gauchescos con el tango y los géneros cosmopolitas que son la base de la identidad nacional expresada por Gardel en sus incursiones artísticas en el exterior e incluidas en el desarrollo argumental de sus películas.

Un esfuerzo especial se ha realizado para reconstruir la historia de la instalación de los estudios de Paramount en Joinville, ligados a sus enfrentamientos con la producción francesa local. Dicha reconstrucción fue posible de realizar gracias a la inclusión de nuevas fuentes de origen francés, norteamericano y español, y de testimonios de periodistas y de artistas argentinos que siguieron de cerca este proceso. En esta dirección son relevantes los estudios encabezados por Marvin D'Lugo.

Asimismo se ha realizado un análisis secuencial de cada film detallando elementos técnicos pertenecientes al lenguaje cinematográfico. Dicho análisis, pensamos, es relevante para poder entender el armado de la estética de las películas así como la dimensión del crecimiento de Gardel en ellas, tanto en calidad como en cantidad de minutos frente a la cámara. Con el fin de no interrumpir la lectura cronológica de los hechos que se narran en el presente libro, el análisis fue ubicado en un anexo final.

Dado su papel relevante en la generación del cine sonoro nacional, este recorte centrado en los trabajos cinematográficos de Gardel nos pareció imprescindible para enriquecer el análisis de la historia de la cinematografía argentina. Para quien quiera conectar esta problemática con las otras facetas del artista y su obra musical, nuestros libros anteriores son, hasta ahora, puntos de referencia a los que nos remitimos.

Primera parte: Argentina

Flor de durazno

Afiche de promoción del film *Flor de durazno*
(Archivo personal de los autores)

La modernidad: el cine como herramienta vital

"En la época presente no hay nada tan floreciente como la electricidad. *El teléfono, el micrófono, el tan sin rival fonógrafo, el pampirulíntintófono, y el nuevo cinematógrafo. El biógrafo, el caustígrafo, el pajalacaflunchincófono, el chincatapunchincógrafo y la asaúra hecha con arroz. Todos estos nombres y muchos más, tienen los aparatos de electricidad, que han inventado desde hace poco, con idea que el mundo se vuelva loco*". "La bicicleta" (Antonio Rodríguez Martínez, 1910, Tango).

El cambio de siglo trajo aparejada una verdadera revolución en las costumbres sociales e individuales, especialmente en las sociedades en construcción, como eran las grandes urbes latinoamericanas. La irrupción de centenares de inventos produjo cambios en los hábitos de transporte, de comunicación y de consumo de millones de personas que, a su vez, comenzaron a observar al mundo como un lugar más cercano.

En ese contexto, el cinematógrafo se transformará en uno de los epicentros de las formas populares del entretenimiento. Pensando puntualmente en América Latina, se puede observar que, por un lado, permitía atenuar la sensación de aislamiento frente al mundo más desarrollado, algo que afectaba a todos los sectores sociales, a pesar de que las clases altas pudieran viajar ocasionalmente a Europa, y, por otro, la baratura del espectáculo y el acceso visible directo a otras realidades constituían un gran atractivo para públicos muy diferentes. Inicialmente, el cinematógrafo coexistió con las diferentes formas del espectáculo y, al igual que en Estados Unidos o en Europa, las proyecciones de películas se alternaban con otras representaciones artísticas: músicos, números de vodevil y de magia, recitales poéticos, etcétera.

Sin embargo, en cuanto que entretenimiento popular de masas, las diferenciaciones sociales se evidenciaron no sólo al momento de abonar el precio de la entrada, sino también en la calidad de las salas. El caso más notable es el Salón Olympia de Bogotá, inaugurado en 1912, y donde Gardel llegó a actuar hacia 1935. Construido expresamente como cinematógrafo y publicitado como el lugar "donde se reúne lo más elegante de la capital", esta sala se convirtió en un punto de encuentro de vastos sectores bogotanos. Las diferencias sociales estaban planteadas en la propia estructura de la sala: la pantalla estaba situada en la mitad del cinematógrafo y los espectadores que pagaban las entradas más baratas veían la película del revés. Así, para poder leer los subtítulos de las películas mudas, debían utilizar espejos o, mediante una propina, contrataban a personas entrenadas en la lectura de los títulos invertidos.

Como en otras partes del mundo, en el cine silente latinoamericano siempre había algún tipo de acompañamiento musical, generalmente un pianista, que no sólo se limitaba a dar ritmo a las películas sino que además tocaba canciones a pedido del público al mismo tiempo que se proyectaba el film. Habrá incluso intentos más audaces de integración entre artistas, sonido y proyección, de los cuales el más significativo fue el "cinematographo-fallante" inaugurado en Río de Janeiro el 26 de noviembre de 1904, que combinaba las proyecciones con actuaciones en vivo (Elena, s/f).

En la Argentina –o más puntualmente, en Buenos Aires–, el cine tuvo un desarrollo precoz. El 18 de julio de 1896, en el teatro Odeón, se proyectaron por primera vez (no sólo en Argentina sino en toda América Latina) las "vistas" filmadas el año anterior por los hermanos Lumière en Francia, entre ellas *La llegada del tren*. Según testimonios de la época, el film provocó pánico entre algunos espectadores de la tertulia alta, y uno de ellos, al ver la locomotora que avanzaba, se lanzó a la platea. Un par de años antes había pasado inadvertida una función realizada en un local de Florida al 300, sobre la base del "kinetoscopio" creado por el estadounidense Tomas Alva Edison, y posteriormente corrió igual suerte la del "vivomatógrafo" presentado por Enrique Mayrena.

El belga Enrique Lépage comenzó a importar aparatos filmadores y proyectores para su comercio de artículos fotográficos de la calle Bolívar 375, y llegaron las cámaras

Elgé de fabricación francesa en 1897. Uno de los fotógrafos de Lépage, Eugenio Py, filmó un corto sobre la bandera argentina flameando en Plaza de Mayo, y en 1900 haría *Viaje del Doctor Campos Salles a Buenos Aires*, con motivo de la visita del presidente electo de Brasil. Ese mismo año se instaló el primer cinematógrafo de Buenos Aires, llamado "Salón Nacional", en Maipú entre Lavalle y Corrientes, adaptación de una sala de casa de familia con capacidad para pocas decenas de espectadores. Hasta 1909 el cine se mantuvo dentro de los marcos restringidos de los noticieros y documentales breves.

Ya aquí aparecieron los primeros ensayos de sonorización fonográfica o cronofotográfica con películas de sesenta a ochenta metros que equivalían a la duración de los discos. Se escenificaban canciones o situaciones de los sainetes, las zarzuelas o las óperas. Entre los músicos y los actores vinculados a los temas escogidos participaron Ángel Villoldo y Alfredo Gobbi.

Las películas con argumento fueron desarrolladas inicialmente por el italiano Mario Gallo, arribado al país en 1905. La primera, de 1909, fue *La Revolución de Mayo*; después vinieron *La batalla de Maipú*, *Camila O'Gorman*, *Güemes y sus gauchos*, *La batalla de San Lorenzo* y *La creación del Himno*: todos temas históricos vinculados con el primer Centenario de la Revolución de Mayo. Entre los actores figuraban Eliseo Gutiérrez, Enrique de Rosas, Salvador Rosich y Blanca Podestá.

Será durante la década de 1910 cuando el modernismo de tradición criollista (o "criollismo" a secas), relevante en las culturas populares urbanas y rurales, encuentre un espacio de representación en el cine, convertido ahora en un poderoso instrumento de modernización cultural. En 1909 aparece el primer *Juan Moreira* con el debutante

Enrique Muiño, y en 1912, *Tierra baja*, una adaptación del drama de Ángel Guimerá, protagonizada por Pablo y Blanca Podestá y Elías Alippi.

Nobleza gaucha: un antes y un después

Estos y otros films plantearon, utilizando los recursos del folletín, una oposición básica entre campo y ciudad, en la que los buenos valores estaban del lado del primero y las tentaciones, del segundo. En esa dirección, el punto culminante fue *Nobleza gaucha*. Escrita y dirigida por Humberto Cairo en 1915, contó con el apoyo de dos excelentes fotógrafos, Eduardo Martínez de la Pera y Ernesto Gunche, y con la colaboración de Francisco Mayrhofer en la compaginación. Trabajaron como actores Orfilia Rico, María Padín, Julio Escarcela, Arturo Mario y Celestino Petray; se filmó en los exteriores en la estancia "La Armonía" y las escenas de interiores, en una escenografía construida en la terraza de una mueblería, así como en distintos lugares de la ciudad de Buenos Aires, entre ellos el cabaret Armenonville. Tras un estreno que pasó sin pena ni gloria, José González Castillo tuvo la idea de intercalarle versos extraídos del *Martín Fierro* de José Hernández, del *Santos Vega* de Rafael Obligado y del *Fausto* de Estanislao del Campo: así la resignificó y le infundió un sentido de rebeldía y de protesta social más acorde con el sentimiento político de época. Las imágenes de doma y arreos y las bellas panorámicas de la estancia, ayudan a construir el mundo rural, fuertemente contrastado por las visiones posteriores de una Buenos Aires de ritmo febril. Todo combinado con un relato de folletín que rescataba el coraje y la nobleza del gaucho: "Potros más bravos que vos ha dominado este gaucho en su vida", "Un gaucho valiente no mata a un hombre indefenso", remarcaban algunos de los títulos intercalados en el film. En contraste, las figuras de poder aparecen rotuladas negativamente: "el orgullo es su autoridad y el rebenque su razón" (en referencia al dueño de la estancia) o "la muerte, la suprema vengadora, no respeta en sus designios ni al rico ni al fuerte, ni se conmueve ante la piedad o el dolor de los generosos".

La repercusión de la película fue apoteósica. Llegó a exhibirse en veinticinco cines de Buenos Aires simultáneamente, y se convirtió también en suceso en el resto de América Latina y en España. El costo total de la producción fue de veinte mil pesos y recaudó más de un millón: jamás se repetiría un suceso semejante en toda la etapa del cine silente. No es de extrañar entonces que a partir de allí la temática haya sufrido una poderosa expansión. El instante era o parecía propicio, ya que la Primera Guerra Mundial había debilitado la producción europea y el desembarco estadounidense en los mercados latinoamericanos no era todavía tan evidente.

Una variante, la de carácter político, tuvo resultados interesantes, aunque breves. En esa dirección, podemos mencionar *El último malón* y *Juan sin ropa*, ambas de 1919. La primera, de Alcides Greca, reconstruía la última rebelión indígena, llevada a cabo en 1904 por los mocovíes en la región de San Javier norte, provincia de Santa Fe. *Juan sin ropa*, en cambio, fue una producción de Camila y Héctor Quiroga y quiso reflejar las luchas obreras que habían estallado en Buenos Aires en "la semana trágica" de enero de 1919, según el libro de José González Castillo. La dirección fue encomendada a un técnico francés, Georges Benoit, socio circunstancial de los Quiroga. La película sorprendió con los movimientos de masas y ciertas premoniciones del montaje que se desarrollarían en las siguientes décadas.

En una especie de desenfreno por hacer o improvisar películas, Federico Valle produjo dos expresiones impredecibles: *El apóstol* (1917), sátira al flamante presidente Hipólito Yrigoyen, en dibujo animado, con el concurso de los dibujantes Quirino Cristiani y Diógenes Taborda y el arquitecto Andrés Ducaud, y *La Carmen criolla o Una noche de gala en el Colón* (1918), con las personalidades del momento caricaturizadas en marionetas, según un paciente diseño de Ducaud. Ambas películas fueron realizadas en el formato de largometraje, característica poco frecuente en el género.

El fin de la guerra en Europa facilitó la recuperación de la industria cinematográfica de aquel continente. Más importante aún, el cine norteamericano se consolidó definitivamente hacia finales de la década de 1910, aprovechando sus ventajas comparativas para instalarse como hegemónico a nivel internacional. El cine silente argentino, previsiblemente, entró en crisis; una crisis de la cual no saldría hasta los años treinta con la creación de estudios cinematográficos con una concepción moderna.

Volvamos al período silente. La variante que nos interesa es la de la temática criollista, más enfocada en el drama personal que en el compromiso social. En 1916 Carlos De Paoli filmó *Santos Vega* con José Podestá en el rol del payador, película para la que fue convocado también el joven cantor y autor Ignacio Corsini, quien reaparecerá en 1917 en *Federación o muerte* de Atilio Lipizzi. Ese mismo año, Alberto Traversa dirigió *Bajo el sol de la pampa*, con Pepita Muñoz, producida por la productora Pampa Films, de Emilio Bertoni; todos nombres que ilustran el peso de las temáticas criollas en la incipiente producción cinematográfica.

A partir de ahí, la temática tendría un gran peso en el cine nacional hasta por lo menos la década de 1940. En estas películas la representación del conflicto social es transformada en oposición entre lo rural y lo urbano; asimismo, el sentimentalismo y la exageración de folletín sirven para remarcar ciertos valores, como el culto al coraje, la importancia de la familia y las buenas costumbres, muchas veces traducidos en moralejas explícitas.

Dichas películas, encorsetadas temáticamente por el criollismo (no podían dejar de mostrar un relato en el que aparecía la tensión campo-ciudad, en la que el primero de los agentes siempre representaba la pureza y el objeto de deseo) y atadas a la estructura melodramática, dependían demasiado del talento de los realizadores para destacarse del resto. En realidad, no eran películas pensadas con un criterio artístico –como, en cambio, ya evidenciaba el teatro, por lo menos en algunos de sus autores–, sino que pretendían un consumo menor, instantáneo... e instantáneamente olvidable.

Asimismo, hay otro factor que nos ayuda a pensar en cómo se articulaba la ideología de clase por entonces. Este no era otra cosa que una interpretación local del romanticismo europeo llegado tardíamente a estas costas. Allí se ponderaban elementos como la antinomia campo-ciudad, en la que el primer elemento representaba todo lo puro, el pasado ideal, el lugar idílico, mientras que el segundo representaba todos los peligros pertinentes a la modernidad que parecía amenazar una identidad nacional paradójicamente fogoneada en el imaginario social precisamente por algunos de los principales impulsores del advenimiento de la modernidad en nuestro país (Sarmiento y Lugones, por nombrar solo dos).

Los comienzos del cine argentino, fundados en una larga tradición pictórica y fotográfica heredada de Europa y orientada al consumo de un público dominantemente masculino, giraban además alrededor de la imagen de la mujer. Dicha presencia oscilaba –en plena sintonía con la doble moral imperante en Buenos Aires– entre la mujer "buena", destinada al hogar y a la cría de los hijos por un lado, y la "otra", en la que se concentraban una serie de contravalores ligados a la sexualidad agresiva, la emancipación, el cálculo y la maldad.

Si bien el criollismo implicó una idealización del campo en contraposición a la ciudad, traía consigo asimismo la idea de propiedad en relación con ese idílico paisaje rural y con todos los elementos involucrados con él. En ese plano, el imaginario local no se diferenció demasiado del europeo. Por ejemplo, el retrato al óleo –orientado al consumo masculino de clase alta y que supo tener su auge en Europa en el siglo XIX– presentaba a la mujer como un objeto más de posesión, a la par del campo retratado, el campesino, la estancia o el caballo.

Gustavo Martínez Zuviría (Hugo Wast)

Flor de durazno es una película basada en el libro homónimo, cuyo autor era Gustavo Martínez Zuviría, por entonces un escritor en fuerte ascenso. Martínez Zuviría nació en Córdoba el 23 de octubre de 1883 en el seno de una familia de tradición militar. Desde su infancia mostró vocación por la literatura; publicó alguna obra juvenil en los periódicos locales, en la que mostró predilección por los temas del heroísmo romántico (que desarrollaría más tarde).

En 1902 comenzó estudios de Derecho; mientras tanto, continuó su producción literaria, acometiendo durante las vacaciones su primera novela, *Alegre*. Escribió también teatro, poesía y ensayo, y defendió el creacionismo del dogma católico en oposición a la teoría de la evolución. Publicó un volumen de versos y uno de cuentos antes de recibirse de abogado en 1907. Comenzó asimismo a escribir artículos para el diario *La Nación* y para la revista *Caras y Caretas*. Publicó también en Madrid otro volumen de versos y una nueva novela.

Fascinado por la mitología escandinava, escogió para su tercera novela –*Flor de durazno*– el seudónimo "Hugo Wast", de resonancia germánica, anagramático de su nombre de pila en la grafía sueca, "Ghustawo". A partir de allí, firmaría sus escritos con ese nombre.

Durante la década de 1910 continuó con su actividad literaria, al tiempo que se iniciaba en política en el Partido Demócrata Progresista (PDP). El PDP, inestable alianza entre tendencias socialdemócratas y conservadoras, lo postuló, sin éxito, a la vicegobernación de la provincia de Santa Fe, en binomio con Lisandro de la Torre. Dirigió el periódico *Nueva Época* de Santa Fe hasta que fue elegido diputado nacional en 1916; contra la política radical publicó *Un país mal administrado* ese mismo año, además de la novela *La casa de los cuervos*. En 1918 publicó *Valle negro*, novela que la Academia Española distinguió con su Premio Quinquenal, Diploma de Honor y Medalla de Oro.

Poco más tarde renunció, junto con José Félix Uriburu, Julio Argentino Roca (hijo) y otros, al PDP, tras hacerse evidente el predominio de los socialdemócratas en ese partido. Durante la siguiente década se dedicó casi exclusivamente a la literatura y publicó varias novelas: *Los ojos vendados, El vengador, La que no perdonó, Pata de zorra, Una estrella en la ventana, Desierto de piedra* (Gran Premio

Nacional de Literatura). En aquellos prolíficos años, su pasión religiosa lo llevó también a escribir varias obras de opinión para los Cursos de Cultura Católica. En 1927 abandonó la Argentina para viajar con su esposa y sus hijos durante un quinquenio por Europa y Estados Unidos. En 1928, durante su estancia en España, fue designado miembro correspondiente de la Real Academia Española.

No volvería a la Argentina hasta después del golpe de Estado de 1930, en que un antiguo compañero de militancia política, el general Uriburu, depuso a Yrigoyen. Fue nombrado director de la Biblioteca Nacional por la dictadura militar.

Martínez Zuviría fue uno de los miembros fundadores de la recién creada Academia Argentina de Letras. Durante esos productivos años escribió los dos volúmenes de *Don Bosco y su tiempo*, presidió la comisión de prensa del XXXII Congreso Eucarístico Internacional y recibió la Orden de San Gregorio Magno, otorgada por el papa Pío XI.

Ese mismo año publicó *El Kahal*, polémica obra de corte antisemita que fue recibida con éxito entre los crecientes círculos nacionalistas del país, aunque no así entre intelectuales y literatos. Horacio Quiroga, por ejemplo, llegó a llamarlo "el muy nefasto a la par que idiota Zuviría" y César Tiempo escribió un duro artículo sobre su desempeño como director de la Biblioteca Nacional.

Martínez Zuviría colaboró en esa época con la revista *Clarinada*, un órgano subtitulado "Revista anticomunista y antijudía" publicado por Carlos M. Silveyra, que difundía informaciones sobre una supuesta conjura mundial judeocomunista. Firmó también en 1937 un manifiesto de apoyo a la insurrección de Francisco Franco en España y escribió una novela –*666*–, publicada unos años más tarde, en la que recuperó estos temas desde una perspectiva apocalíptica y equiparó la expansión del comunismo y del judaísmo internacional con el advenimiento del Anticristo.

Su buena relación con el poder político se materializó en su nombramiento en 1937 como presidente de la Comisión Nacional de Cultura por el presidente Agustín Pedro Justo. En 1941, tras la intervención de la provincia de Catamarca por el gobierno federal, fue designado interventor de aquella. En 1943, en el convulsionado clima político tras el derrocamiento de Ramón Castillo, el presidente de facto Pedro Pablo Ramírez lo designó Ministro de Justicia e Instrucción Pública. Una de sus primeras medidas fue instaurar la enseñanza de la religión católica en todas las escuelas del país, aunque no era obligatoria para "aquellos educandos cuyos padres manifiesten expresa oposición por pertenecer a otra religión, respetándose así la libertad de conciencia" (art. 1°, Decreto 18.411/43).

De esta época data la mayoría de sus colaboraciones con el cine, principalmente adaptaciones de sus novelas: *La que no perdonó* (1938), *La casa de los cuervos* (1941), *El camino de las llamas* (1942) y *Valle negro* (1943) (aunque luego se quejó amargamente de la calidad de dichas adaptaciones). En 1944, recibió un duro golpe cuando el cónsul alemán en Argentina fue descubierto realizando tareas de espionaje para el Eje; la publicación nacionalista *El Pampero* reveló la colaboración de Martínez Zuviría en el asunto y debió renunciar a su cargo; poco más tarde renunció también el presidente Ramírez. *Clarinada* dejó de publicarse al año siguiente.

Al principio, Martínez Zuviría vio con buenos ojos al gobierno de Juan Domingo Perón, un nacionalista como él. Sin embargo, ciertas medidas favorables a la colectividad judía por parte de su gobierno –permitió por primera vez a los conscriptos judíos celebrar sus fiestas religiosas, reconoció la legitimidad del Estado de Israel y estableció relaciones diplomáticas con éste, entre otras medidas- le llevaron a alejarse, esta vez en forma definitiva, de la acción política. Así, por decreto Nº 7144 del 24 de mayo de 1955, el Presidente designó a José Luis Trenti Rocamora como interventor de la Biblioteca Nacional, en reemplazo de Martínez Zuviría. Atrás quedaba un cuarto de siglo, con resultados importantes: al asumir la dirección de la Biblioteca, ésta disponía de 270.000 volúmenes, cifra que ascendió bajo su gestión a casi tres cuartos de millón.

Hacia fines de esa década su salud comenzó a declinar visiblemente a causa de una infección pulmonar. El 28 de marzo de 1962 falleció en su casa y fue enterrado en el panteón familiar del cementerio de la Recoleta. Al morir se habían vendido más de tres millones de ejemplares de sus libros (*Flor de durazno*, sin ir más lejos, vendió, sólo en Buenos Aires, más de ochenta mil ejemplares con una treintena de ediciones).

Entre el melodrama, el criollismo y la expiación de los pecados

Flor de durazno –la novela– pertenece a lo que denominamos "modernismo de tradición criollista", una derivación de las escuelas literarias europeas del siglo XIX. Es por ello que en su génesis arrastra algunos rasgos de escuelas realistas, naturalistas y modernistas: la descripción a veces objetiva y exacta de la realidad con miras a la denuncia social, la deshumanización de los personajes a causa del medio o la herencia, la simetría formal y el interés por crear una prosa rítmica y musical.

Los motivos que dan vida a los cuentos criollistas se resumen en tres situaciones existenciales que embargan la vida del hombre argentino y, más ampliamente, latinoamericano: el hombre enfrentado contra la naturaleza, el hombre enfrentado contra los demás hombres y el hombre enfrentado consigo mismo. Se muestra una preocupación social, pero no desde un enfoque materialista –tal y como sí se presentará en la narrativa del realismo socialista–, sino como una consecuencia de la imposibilidad del hombre por dominar el universo. Generalmente, se pinta una naturaleza cruel, enemiga de la civilización y de los hombres, indiferente ante los problemas y los padecimientos de éstos (una suerte de indiferencia cósmica).

El hombre se presenta desvalorizado, transformado en un objeto más, en contraposición a la supervaloración de la naturaleza a través de un exceso descriptivo y de la frondosa adjetivación. Los autores criollistas intercalan registros del habla culta con los del habla popular para hacer una transposición más exacta y verosímil (mimética) de la realidad de los pueblos.

Veamos algunos ejemplos en nuestra novela. Esta comienza con una suerte de prólogo en el que el autor describe el escenario del drama que va a llevarse a cabo:

> Mi casita está situada en el cruce de dos caminos. Por el uno, que va de San Esteban a Capilla del Monte, pasan las polvorosas cabalgatas de las gentes alegres. El otro, ancho, melancólico y de costumbre, solitario, lleva pausadamente al blanco cementerio, tendido en una loma pedregosa y estéril, donde sólo crece el tomillo.
> Variando apenas los nombres, cuento una verdadera historia, algunos de cuyos protagonistas andan vivos. Lo he escrito como quien hace un testamento, con el pensamiento en Dios y sin temor a los vivos. Y si las almas de los muertos se mezclan en las cosas de la vida, me alegrará, cuando en el corazón de uno solo de los que me lean, brote esa rara flor de la simpatía hacia los dolores ignorados de las gentes humildes.

El autor se presenta como un hombre que vive en una "casita" y que ve pasar "las polvorosas cabalgatas de las gentes alegres": el anonimato y la pequeñez del hombre frente a la magnitud de una naturaleza viva, generosa y amenazante al mismo tiempo ("una loma pedregosa y estéril, donde sólo crece el tomillo").

Las metáforas sobre la naturaleza en relación con las personas abundan. Desde el propio título de la novela –analogía entre la pureza de la flor del durazno y el alma de Rina, protagonista del drama–, Martínez Zuviría desborda de descripciones, comparaciones y analogías en las que la naturaleza es el imaginario superior en el cual se ven reflejadas las cualidades y las pasiones humanas: "su pensamiento sereno y puro se había enturbiado como un arroyo en que beben las bestias" (p. 197), "poniéndose colorada como el corazón de la flor de durazno" (p. 142) o "volvía como un lobo acosado por el hambre" (p. 252).

La preocupación por lo social –otra de las características del modernismo criollista– también se ve reflejada en *Flor de durazno*: en el personaje de Antonio, hermano de Rina, pero más importante aún, en la figura del cura don Filemón Rochero, tomado casi en forma literal de la biografía de José Gabriel del Rosario Brochero "el cura gaucho", como supo ser llamado.

Brochero (Villa Santa Rosa, 1840–Villa del Tránsito, 1914) fue un presbítero católico. Ordenado sacerdote en 1866, se destacó por su entrega en la asistencia de los enfermos y moribundos de la epidemia de cólera que azotó a la ciudad de Córdoba en aquellos años. El 19 de noviembre de 1869 fue elegido vicario del departamento San Alberto. Allí asumió como propias las necesidades de la gente. Con sus manos construyó iglesias y capillas, levantó escuelas y abrió caminos entre las montañas, animando a los pobladores a acompañarlo. Asimismo, gestionó la llegada del ferrocarril y logró conectar Villa del Tránsito con la ciudad de Córdoba a través de una serie de puentes de piedra y de caminos (el llamado "camino de las altas cumbres"). En su vejez enfermó de lepra como resultado de convivir con enfermos que padecían esa enfermedad. Por esa razón quedó sordo y ciego antes de morir en 1914.

En *Flor de durazno*, el autor utiliza la figura del cura para trabajar las diferencias de clase entre los hombres del campo y los de la ciudad, y les otorga a los primeros la "exclusividad" de la pobreza y a los segundos la de la opulencia y, por ende, también la de los vicios. En determinado momento, el cura discute con don Eugenio Larcos, jefe político de la región, sobre las tentaciones de cada clase:

> Yo no juzgo a los ricos: defiendo a los pobres; si aquellos pierden en comparación, peor para ellos. Hallo más mérito en una muchacha pobre que guarda su inocencia, que en una rica, porque la pobre tiene que vencer cien tentaciones más; vencer las tentaciones de los pobres, y las tentaciones de los ricos.

De la novela al cine. El ¿misterio? de Gardel actor

La producción de las películas de temáticas criollistas convocó a actores y a cantantes provenientes del circo criollo, el teatro y el varieté. Enrique Muiño, por ejemplo, fue comparsa de la compañía de Jerónimo Podestá; Elías Alippi bailaba tangos en la compañía de los hermanos Podestá en el teatro El Cómico; Pepita Muñoz trabajó con la *troupe* de Anselmi y el circo de Pepe Podestá; el mismo Corsini fue cirquero y peón de estancia; y hasta Celestino Petray supo hacer de Cocoliche en la puesta teatral de *Juan Moreira*. Para cuando se cree Artistas Argentinos Asociados, la mayor parte de sus socios fundadores habían pertenecido al circo criollo.

En 1917 Carlos Gardel fue convocado a participar en la filmación de *Flor de durazno*. Como es sabido, en esa época el cine era silente y puede resultar llamativo que un cantor fuera incluido en el reparto de un film de ese tipo. Incluso diversos autores han manifestado su extrañeza en este sentido, como por ejemplo Simon Collier, quien ha señalado: "No se entiende bien por qué se llamó a Gardel. La película iba a ser muda; Gardel no cantaría. En esa época estaba excedido de peso (entre los 108 y los 120 kilogramos según el autor) y no tenía experiencia como actor".

Carlos Gardel a caballo durante el rodaje
(Archivo General de la Nación)

Cuando Gardel fue convocado para filmar *Flor de durazno* ya era conocido en el ambiente artístico y gozaba de popularidad, especialmente debido a su éxito en el dúo criollo que integraba con José Razzano. Esta capacidad actoral intuitiva había sido desarrollada en su adolescencia, cuando supo ser comparsa en espectáculos de zarzuela y ópera, y se fue consolidando mediante su vínculo con quienes luego serían grandes actores (Alippi, los Podestá, Cassaux). Las críticas destacaban, por ejemplo, la participación del dúo Gardel-Razzano en la obra *El señuelo* de César Iglesias Paz, cuyas actuaciones incluían pequeños parlamentos. En dichas presentaciones, Gardel solía ocupar el primer plano, acompañando sus canciones con gestos expresivos, mientras que Razzano sumaba a su voz más limitada una actitud también menos activa.

Que el artista poseía esa capacidad es indudable y diversos testimonios dan cuenta de ello. Por ejemplo, cuando el dúo actuó en el teatro Esmeralda, el 3 de enero de 1917, el mimo italiano Guido Appiani realizó una parodia de Gardel, subrayando justamente esos rasgos expresivos del cantante. Incluso algunos años después su nombre fue considerado para participar en espectáculos de comedia. El diario *La Razón* del 26 de octubre de 1923 comentó en su página de espectáculos: "El cantor criollo, señor Carlos Gardel, compañero de Razzano, ha resuelto participar en el reparto de algunas de las comedias que pondrá en escena la compañía Rivera-De Rosas, tomando a su cargo papeles en los que pueda lucir sus habilidades. Su debut lo hará, posiblemente, con *El distinguido ciudadano*".

Ese año Gardel y Razzano se sumaron a la compañía de Matilde Rivera y Enrique de Rosas, que iba a presentarse en Montevideo en diciembre, con pequeños papeles que les brindaban la excusa para cantar un tema. Esa capacidad actoral fue decisiva en el estilo de Gardel y resultó un hecho muy claro para los observadores más inteligentes que lo veían cantar, y alguno incluso lo llamó, con acierto, "el actor del tango".[1]

---

[1] El cronista de espectáculos del diario *El Plata* de Montevideo, en septiembre de 1929 señalará: "Se aplaudió mucho al *actor del tango*. El prestigio de Carlos Gardel se alimenta, casi más todavía que por la calidad de su trabajo, por obra del contraste que consagra la labor de todos sus imitadores. Frente a este artista

Entonces, para comprender cabalmente la lógica de la convocatoria, también es preciso analizar el rol que le fue asignado en la película. Es importante señalar que no se trataba de un papel secundario en absoluto: después de la actriz principal, compartía tiempos similares de actuación con Celestino Petray, y muy por encima del resto del elenco. Su físico se adecuaba al papel que debía encarnar, que no era el de un galán, sino el de un criollo fornido, capaz de ahorcar a un hombre con sus propias manos, con la ingenuidad y la modestia de un trabajador rural (en la novela de Martínez Zuviría, al personaje de Fabián se lo describe como "de la edad de Antonio, algo más bajo, parecía mucho más fuerte y más hombre por su fisonomía

---

creador de un género e irremplazable ejecutante del mismo, se produce siempre un fenómeno curioso. Sus intervenciones escénicas adquieren una espontaneidad tal, son fruto de una exteriorización emotiva tan fácil, llegan en forma tan directa hasta el espectador, que concluye este por suponer, dados los contornos sencillos que configuran el esfuerzo, que en la obtención del resultado no son muchas las dificultades que es menester anular. Pero llegan los imitadores, aquellos que han seguido los pasos de Gardel, y es recién entonces cuando se concluye por valorar debidamente todo el mérito de la intervención de este artista, cuya prodigiosa intuición lo lleva a desentrañar en esas canciones típicas, casi siempre sencillas y muchas veces hasta rudimentarias, matices hondos que pasan por lo general inadvertidos para quienes, con el propósito sumiso de imitar, renuncian ya tácitamente a la facultad de sentir. *Gardel es el actor del tango*. Mientras los demás cantores sólo dicen las letrillas populares, Gardel las interpreta, brindándoles la justa expresión y el travieso y exacto colorido que aquellas reclaman. Después que esa labor dignificadora ha sido realizada, el camino queda expedito. Es entonces que la mayoría de los tangos sólo alcanzan su debido éxito una vez que Gardel los ha cantado y por eso también, muchas composiciones de larga vida parecen venir recién al mundo de la popularidad cuando el azar las coloca en manos de este artista tan sabio, generador de triunfos resonantes. Hay un caso típico reciente: *Victoria*, composición pintoresca, repleta de observaciones intencionadas, con una música adecuada al asunto jocoso que se comenta y que, no obstante, no había podido alcanzar, por insuficiencia de interpretación, la resonancia a que a todas luces tiene derecho. Anoche la cantó Gardel y anoche quedaron al descubierto todas las cualidades que, hasta ese instante apenas habían podido ser advertidas".

seria y triste"). Esto resaltaba el contraste con el elegante y rico hombre de la ciudad, encarnado en la figura de Argentino Gómez.

Otros, en cambio, se muestran sorprendidos de que, a pesar de su físico, fuera considerado para interpretar un papel en el cine. Efectivamente, el artista estaba excedido de peso, pero los modelos físicos de 1917 eran muy distintos de los que iría imponiendo universalmente el cine norteamericano en los años siguientes. Así, al analizar el éxito de *Nobleza gaucha* en 1915, Elina Tranchini señalaba que habían participado varios famosos del circo criollo y el teatro, entre ellos "el galán Julio Scarcella, preferido entre el público femenino del momento por su gordura y robustez". Por otra parte, existen testimonios de que en esta época Gardel gozaba de popularidad entre el público femenino. Así lo indica Horacio Ferrer, en relación con las actuaciones del artista en 1916:

> Mi madre, nacida en Buenos Aires en 1896, vio cantar a Carlitos en el "Gran Norte" [luego Gran Splendid] de la avenida Santa Fe. Yo tenía veinte años e iba con mis hermanos a ver diferentes números. Y entre esos números, y entre muchos conjuntos criollos, estaban los "Gardel-Razzano", con el guitarrista "negro" Ricardo. Gardel era un nombre más entre otros. Sin embargo, bastaba con que él saliera al escenario y sonriera para que, como un reguero de pólvora, corriera por la sala. Todas las muchachas estábamos enamoradas de él... (Ferrer, 1999: 1600-1601)

De todos modos, el artista no estaba plenamente convencido de participar en el film, ya que, con su habitual inteligencia, era consciente de sus limitaciones. Ilde Pirovano –quien trabajara en *Flor de durazno*– señaló años más tarde que Gardel alegaba que no era actor, que estaba gordo y que, además, no cantaría. Agregó también que los productores tuvieron que insistirle bastante para convencerlo (Pesce, 1999: 1399). Esta actriz recordaba de las jornadas de filmación en Córdoba el espíritu bromista de Gardel y la insistencia del cantor porque ella le enseñara canciones napolitanas (Pirovano había nacido en Catania, Sicilia). "Él me hablaba en castellano y yo le contestaba en italiano, pero no importaba porque el film era mudo. En los descansos entonábamos canzonetas a dúo, y él me enseñó mi primer tango, 'Mi noche triste'". Argentino Gómez señaló en 1948 que el cantor intentó abandonar la filmación y sólo consintió en proseguir porque Defilippis Novoa negoció con él insertar tres o cuatro canciones en el film. La versión no es creíble porque la línea argumental no permitía semejante agregado y, además, siendo silente, carecía de sentido. Sin embargo, lo que demuestra es que las dudas estuvieron presentes, tanto antes como durante el rodaje.

En sus memorias, José Razzano tendría palabras un tanto peyorativas hacia la participación de Carlos Gardel en *Flor de durazno*, aduciendo que "parecía Tripitas", en referencia al actor cómico norteamericano Roscoe Conkling Arbuckle (24 de marzo de 1887-29 de junio de 1933), más conocido como Fatty Arbuckle, o "Tripitas", su traducción hispanoamericana. Arbuckle supo trabajar en muchos cortos y largos del período silente, y entre ellas realizó varios films ambientados en el mundo rural norteamericano.

El elenco

El film contó con un reparto que contaba en partes iguales con actores debutantes y experimentados. Como Carlos Gardel, Ilde Pirovano también se inició en el cine en el mismo film. Finalizado el rodaje, pasó a trabajar como actriz de teatro, y volvió a los estudios cinematográficos recién veinte años después cuando participó en la película

¡Segundos afuera!, donde casualmente debutó en el cine Eva Duarte, futura esposa de Perón. Casada con el actor y director Orestes Caviglia, intervino en roles destacados en forma continua en cerca de treinta films –entre ellos, *La cabalgata del circo*, donde compartiría cartel con Libertad Lamarque, Hugo del Carril y, una vez más, Eva Duarte– hasta 1956, y luego reapareció en 1969 en *Kuma Ching*, representando el rol de madre de Luis Sandrini y al año siguiente en la coprodución argentino-española *El gran crucero*, su última participación cinematográfica.

Quienes también se iniciaron en el cine con *Flor de Durazno* fueron Diego Figueroa, Francisco Americes y Aurelia Musto. Figueroa actuó posteriormente en *Campo ajuera* y en *De vuelta al pago*, ambas en 1919, y en *Tu cuna fue un conventillo* en 1925. Francisco Americes, por su parte, participó como actor de reparto en *Alma de gaucho* y en *Bajo la luna de las pampas*, rodadas en Estados Unidos en 1930 y en 1935 respectivamente. Aurelia Musto recién volvería a filmar en 1936 al participar en *Don Quijote del Altillo*, protagonizada por Sandrini. A partir de allí y hasta 1941 intervino en una decena de películas: le tocó en suerte colaborar con importantes cantores como Hugo Del Carril en *Los muchachos de antes no usaban gomina* (1937), Agustín Irusta en *Cantando llegó el amor* (1938), Alberto Vila en *Retazo* (1939) y Héctor Palacios en *El cantar de mis penas* (1941). Tras una década de ausencia, finalizó su filmografía con *Mi vida por la tuya* rodada en 1951 y con *Dock Sud* en 1953. Rosa Bozán, vieja circense, no volvió a incursionar en el cine y se dedicó de lleno al teatro. Fue madre de Olinda Bozán, quien realizaría una prolífica carrera actoral.

Quienes ya tenían experiencia frente a la cámara eran Celestino Petray, actor teatral de la Compañía de Pepe Podestá, con su intervención en 1915 en *Nobleza gaucha*, en el rol de Cocoliche. Argentino Gómez, Silvia Parodi y Mariano Galé, por su parte, habían sido compañeros en 1916 en el rodaje de *Hasta después de muerta*, protagonizada y dirigida por Florencio Parravicini. Argentino Gómez supo trabajar también años más tarde en *La loba* (1924), nuevamente bajo la dirección de Defilippis Novoa. Mariano Galé, nacido en España, se había iniciado en Madrid en 1868, llegó a Buenos Aires dos años más tarde y formó su propia compañía con la que se destacó estrenando varias obras hasta 1904, principalmente de Benito Pérez Galdós y José Echegaray. A partir del año siguiente se presentó en La Plata y en 1907 en Uruguay. Por su parte, Silvia Parodi había debutado en 1912 con *Güemes y sus gauchos*. Después de filmar *Flor de durazno*, sería parte en *El capitán Valderrama* (1917), *Campo ajuera* (1919) y *En buena ley* (1921).

El director

Francisco Defilippis Novoa nació en Paraná en 1890 y fue criado en Rosario; fue maestro rural y periodista. Si bien tuvo que trasladarse a Buenos Aires por cuestiones profesionales, Defilippis Novoa siempre estuvo muy ligado a la provincia de Santa Fe: allí conoció a Leonilda Pucci, con quien se casaría, y también en esa ciudad nació su hijo Enrique en 1918.

 Es considerado parte de la corriente de los autores cultos que intentaron otorgar mayor profundidad al teatro nacional, a pesar del dominio en la escena nacional de los capocómicos, que imponían limitaciones a los autores y privilegiaban obras de nivel "popular". Se inició como autor en la escena rosarina con *El día sábado* y *La casa de los viejos*, pero su entrada por la puerta mayor de nuestra dramaturgia se produjo en 1918 con *El diputado por mi pueblo*, sátira política en tres actos. Desde entonces su nombre se afirmó en las carteleras nacionales. El costumbrismo de sus primeras piezas cedió lugar al realismo romántico de una segunda larga etapa, como bien lo evidencian *La madrecita* y *La samaritana*. Interiorizado de las experiencias de la vanguardia europea, Defilippis Novoa plasmó con la ayuda de este contacto la etapa más singular de su labor: así lo muestran *Los caminos del mundo*, *El alma de un hombre honrado* y *María la tonta*, sobre todo esta última que, junto con *He visto a Dios* (1930) constituyeron las obras más importantes del autor. La última mencionada puede considerarse síntesis de toda la labor de Defilippis Novoa y nuevo punto de partida de nuestra dramaturgia.

Flor de Durazno significó su debut cinematográfico. En cine filmó también para Patria Film, en sus estudios de la calle Jean Jaurés una versión de *Los muertos*, de Florencio Sánchez, con Argentino Gómez, y *La vendedora de Harrod's* de Josué Quesada, con Berta Singerman y una vez más, Argentino Gómez.

También se le atribuye el film *Blanco y negro* (1919), en donde hubo de dirigir a la futura escritora Victoria Ocampo. En 1924 dirigió *La loba*, en este caso para la Brisset Film. Precisamente de esta última película, muchos han señalado erróneamente que Gardel también fue parte. *La loba* se estrenó el 14 de abril de 1924 en el Callao Theatre (Callao 27), luego en The American (Córdoba y Callao) y finalmente en el Cristal Palace (Corrientes 1550). El martes 15 de abril, en la sección "Películas Nacionales" del diario *La Nación*, aparecía el siguiente comentario:

> La Brisset Film estrenó ayer *La Loba*, película nacional tomada de la pieza de teatro del mismo nombre, de que es autor D. F. Defilippis Novoa. [...] Los principales personajes de *La Loba*,

encarnados por las actrices Gloria Ferrándiz, Nelly Olmos y Consuelo Glad, realizan, como el actor Argentino Gómez, una meritoria labor, digna de aplauso.

Como vemos, la presencia del mismo director y de varios de los actores de *Flor de durazno* produjeron la confusión. Defilippis Novoa murió en 1930.

Análisis

Una de las escenas de la película *Flor de Durazno*
(Archivo General de la Nación)

Flor de Durazno fue adaptada al celuloide respetando la estructura melodramática de la novela original (estructura que, por otra parte, parecía inevitable en la naciente construcción de géneros cinematográficos). Para Defilippis Novoa, de la misma edad que Gardel, el cine también era un desafío. De su tiempo como maestro rural le quedaba el haberle tomado cariño a aquel mundo, que había plasmado en bellas obras costumbristas como *La casa de los viejos* y *El día sábado*. Y también una admiración por el cine –el cinematógrafo, como se decía entonces–, como lo dejaría plasmado en uno de los diálogos de *El día sábado*, estrenada en 1914. En aquella ocasión, el personaje de Don Juan intentaba convencer a Fortunato de acompañarle al centro:

> Te vi'a llevar al café del bulevar. Vas a ver qué vistas de cinematógrafo. Ahí te viá pedir que me expliqués cómo hacen para que los hombres bailen y anden en el lienzo como si anduviesen en la calle. Ahí te vas a dar cuenta de la responsabilidad que hay en todo eso... Vos no podés darte cuenta de la gran responsabilidad que hay en todo eso. La otra noche daban una cinta iluminada de un rey a quien le robaban la hija. Date cuenta de la responsabilidad que hay en robarle una hija a un rey... Y el sábado antepasao presentaban la guerra é Trípoli y los Balcanes; meta tiros y cargas y contracargas y soldaos con plumas de pato, y meta muertos, y meta heridos. ¡Date cuenta de la responsabilidad de todo eso! Yo quiero que me expliqués lo del cinematógrafo y de la gente que camina por el lienzo. Vení, vamos a ver...

En relación con la adaptación de *Flor de durazno*, Defilippis Novoa intentó plantear un equilibrio entre la fuerza del texto literario y el duro corset que podía llegar a ser la estética criollista que dominaba el imaginario social y al cual los socios capitalistas de las películas apuntaban una y otra vez como receta mágica para el éxito de boletería. Respetando esas limitaciones, utilizó con inteligencia los recursos a mano, tanto los propios como algunos inherentes al lenguaje cinematográfico. Para lo segundo, se apoyó principalmente en el oficio del fotógrafo Francisco Mayrhofer, quien también había colaborado en *Nobleza gaucha* y era uno de los técnicos más solicitados del medio. Mayrhofer nació en 1886 en Italia y fue el hijo mayor de Augusto y María Vitale, venidos a la Argentina hacia 1888.

En el film, la estructura melodramática se superpone a la iconografía criollista en la puesta en escena de los espacios geográficos. Cada cambio de escenografía –cabría decir más bien "de escenario"– implica un contraste estético. Tras el inevitable plano de situación que nos revela en dónde nos hallamos, se presenta el nuevo espacio en forma contrastada con el anterior.

De este modo, el campo es siempre presentado en tonos claros, tendientes al blanco, mientras la ciudad abunda en matices de gris y negro. Por lógica inversa, los protagonistas de uno y otro ambiente suelen presentarse al revés: Miguel Benavidez suele aparecer trajeado de blanco, Rina y Fabián de negro. El color de las vestimentas no actúa únicamente como contraste estético, sino como mensaje moral: Fabián viste de negro mientras vive en el campo, pero cuando vuelve de la marina aparece en su traje de marinero blanco; es el momento en que su inocencia infantil se ve destrozada por el conocimiento del *affaire* entre Rina y Miguel. A partir de allí, volverá al negro. En el caso de Rina, se la ve vestida de blanco cuando niña –símbolo de inocencia– y aparece de negro cuando ya es adulta. Una vez despechada, se agregará un manto sobre la cabeza, creando una referencia inequívoca de la virgen María (de hecho, una de los afiches de presentación del film la muestra caracterizada así). El desmayo en la iglesia reforzará el concepto.

La elección del duraznero como suerte de *atrezzo* temporal es un acierto. Defilippis Novoa lo tomó de la novela de Wast e intentó hacer girar el paso del tiempo alrededor del crecimiento del árbol, como lo muestran varias tomas a lo largo del film. Sin embargo, la línea moral que Wast desarrolló alrededor de la plantación del durazno no logró plasmarse en el film. Al comienzo de la novela, el padre Rochero se sienta con Rina frente al árbol. La niña contaba entonces con siete años:

> Mirá –le dijo–, cada uno de los hombres que viven en el mundo tiene su árbol, aunque él no lo sepa. Cuando uno es bueno, el árbol florece, y cuando es malo, el árbol se seca. Éste es tu árbol. Sé siempre buena para que tenga flores todas las primaveras.

Asimismo, la presencia fantasmal de la madre de Rina, que en el libro tiene coherencia y sirve para acentuar el peso de la conciencia en Rina, aparece de manera fragmentaria e incomprensible en el filme.

Defilippis Novoa tiene otros aciertos. Metáforas sobre la naturaleza que embellecen la obra de Martínez Zuviría son aquí transformadas en significativos *raccords* de mirada de Rina hacia los pájaros, las flores o el cielo. Las escenas camperas están logradas, con movimientos de masas y tomas de rostros "comunes", además de planos de tendencia abstracta (quizá influenciado por el cine soviético y alemán que comenzaba a estar en boga por entonces).

La convocatoria a la milicia de Fabián también tiene una construcción singular, con intenciones estéticas. Aunque probablemente se trate de una imagen tomada de una película anterior (práctica habitual del cine de bajo presupuesto, lo que luego se denominaría *found footage*), la escena es potente: allí podemos observar a dos trompetas en un plano en contrapicado, con un trasfondo de palmeras (¿?), insinuando un largo viaje a destinos exóticos.

Otra escena interesante es aquella en que Miguel y Rina se besan por primera vez. La imagen tiene una fuerte connotación religiosa: en un plano medio, vemos a Miguel y Rina sentados –o arrodillados, no se alcanza a distinguir–, mirando con tensión, con las manos entrelazadas. El contraplano nos presenta la figura de la bruja Candela, quien levanta una mano y "bendice" la unión. Las tomas no responden estrictamente a los *raccords* de mirada de los protagonistas: la pareja está fotografiada con un leve picado y Candela con un contrapicado y en un plano más cercano: dos elementos técnicos que ayudan a realzar su figura.

La muerte de Rina es, quizás, la escena más lograda de la película. En dicha toma vemos en un plano general a la protagonista subida a una pequeña lomada. En un segundo plano se observa pasar a Fabián a todo galope, quien acaba de tomar por la fuerza a Dolores para presentársela a Miguel. Rina, angustiada e impotente por el inminente desastre, fallece de un ataque cardíaco, rodando por la loma.

Una diferencia esencial entre *Flor de durazno* y *Nobleza gaucha* radica en que, si bien ambas se apoyan en el mismo tipo de convenciones (melodrama-criollismo-iconografía cristiana), la segunda presenta algunos elementos en la estructura y en el argumento que contribuyen a una lectura más relajada y esperanzada.

En *Nobleza gaucha*, la presencia de Cocoliche –figura sainetesca de arrollador éxito que había sido presentada en teatro por los Podestá– contribuye a aflojar la tensión dramática que imponía el rapto de la protagonista. Asimismo, su presencia pone de manifiesto la contraposición campo-ciudad pero en una forma caricaturesca, no exenta de afecto. El final feliz es el otro elemento que provoca una clausura más "hollywoodense" si se quiere, más canónico.

Flor de durazno, en cambio, tiene un enfoque oscuro. Asociado a un naturalismo –probablemente ligado más al dramatismo del argumento que a una búsqueda estética del director– que no deja espacio para el humor, el amor o la alegría, la película contiene un alto sustrato moral de corte católico: los pecados se pagan.

Desde el punto de vista de la actuación, resulta interesante percibir el contraste entre un realismo "ambiental" (que incluye tomas de lugareños, panorámicas del campo, y el cuidado puntilloso de actividades rutinarias rurales, como ser el amasado de pan, el desensille de un caballo o la forma de encender un cigarrillo) que apunta a reforzar la impresión de realidad, con actuaciones de corte melodramático, haciendo hincapié en el estereotipo a través de la exageración gestual, acordes a los cánones interpretativos de época.

Quizás los mayores problemas de *Flor de Durazno* haya que buscarlos en un montaje apresurado y sobrecargado, en el que el director subordinó el film al texto literario –no exento de complejidades y sutilezas– sin comprender las particularidades del lenguaje cinematográfico (es probable que esto se deba a que el conocimiento de Defilippis Novoa estaba más orientado a la dramaturgia teatral). Es de este modo como algunos aciertos formales del film –los planos arriesgados y los juegos de luces y sombras, los *flashbacks*, los efectos de sobreimpresión– se pierden bajo el peso de un argumento complejo y una presencia autoral –la de Martínez Zuviría– demasiado presente como para permitir el desarrollo independiente de un director que estaba haciendo sus primeras armas.

En 1919, el escritor Horacio Quiroga realizó la crítica del film *Vuelta al pago*, de José Agustín Ferreyra. Lo que dice de aquél film perfectamente podría aplicarse a *Flor de durazno*:

> Un nuevo film nacional, que marca sobre sus predecesores evidentes progresos: mayor movimiento en el drama, mejor dirección, y, sobre todo, mejor comprensión por parte de los intérpretes de lo que es el juego fisonómico en el filme. Pedir más, sería imposible en una tan nueva cosa como es nuestra cinematogra-

fía, con máquinas deficientes (extraordinariamente deficientes), operadores noveles, directores de escena improvisados y actores más improvisados todavía.

La repercusión

El 25 de septiembre de 1917 la película fue proyectada previamente para el periodismo, en lo que el diario *Última Hora* llamaba "la prueba de la mañana", y en sus páginas un periodista señalaba:

> Patria Film ha conseguido el triunfo más grande y merecido con Flor de durazno.
> [...] La República Argentina, que tiene elementos de riqueza propia para no depender, como depende, de la industria y de la producción extranjera, en lo que a muchos órdenes se refiere, posee también cuanto hace falta para desarrollar en su suelo la industria cinematográfica, que representaría un buen caudal de dinero y de trabajo, a la vez que la mejor y la más eficaz exaltación y propaganda de nuestra tierra, de nuestros tipos, de nuestros monumentos y nuestros paisajes.
> He aquí, por lo tanto, el éxito de la novela del doctor G. Martínez Zuviría, Flor de Durazno, conocido escritor, al adaptar para su visión en película la hermosa novela suya del mismo título, ha realizado una labor meritoria señalando una orientación a la producción argentina en ese género industrial. Y, sobre todo, ha dado al público una nueva y briosa obra de arte para su deleite y emoción [...] ha sido dirigida en la escena por un novel en el arte mudo: el señor F. Defilippis Novoa, bien tratado, con lógica y buen gusto manifiesto, siendo de un interés y de una originalidad tal que la acción se sigue en la pantalla con emoción creciente, y hay momentos en que el público, olvidando la fábula de la pantalla, concede a sus escenas el mismo valor que a la realidad.
> De su trabajo no podemos tachar una sola falta... Flor de durazno es sin disputa un éxito de nuestra cinematografía y, ¿por qué no decirlo?, superior a algunas de las que nos remiten a diario los productores extranjeros. Fotográficamente también es superior. El operador, Mayrhoffer (sic), de la Patria Film, ha obtenido un

nuevo éxito, quizás el más justo de todos, desde que tropezando con miles de inconvenientes –que no existen en las grandes casas editoras– ha hecho una labor que nosotros le aplaudimos.
De los intérpretes, ¿por qué ocultarlo? Se destacan todos por igual. Ilde Pirovano, la protagonista, principiante en el arte del silencio, ha hecho una verdadera creación de su difícil papel. Ha sido la revelación del público asistente a la prueba de esta mañana. Figueroa, Carlos Gardel –también principiante– y Argentino Gómez, se han destacado del núcleo de los intérpretes nacionales. En sus diferentes papeles han conseguido sobresalir, dando mayor realce a la obra.
Lo mismo podemos decir con respecto a la señora Rosa Bozan, Aurelia Musto, María Cambe, Celestino Petray, Pascual Costa y los niños Raúl J. Ungaro y Eduardo Albarracín. Todos han contribuido con su correcta acción al triunfo obtenido por la cinta, que dicho sea de paso, es de lo mejor producido aquí. S. P. (Peluso y Visconti, 1991: 30-34)

La película fue estrenada el 28 de septiembre de 1917 a las nueve de la noche en el teatro Coliseo, que quedaba en Charcas 1009, en una función a beneficio de la Escuela Taller Santa Filomena, con un costo de 5 pesos la platea y 2,50 pesos la tertulia. Al día siguiente se proyectó, para todo público, en el cine Select (Suipacha 482) a 3 pesos la platea. La película se anunciaba como del doctor Martínez Zuviría, prueba de la preeminencia que se asignaba al popular novelista a los efectos de difusión.

En el diario *La Nación* del 30 de septiembre, un gran aviso mostraba a Ilde Pirovano y Gardel en un diálogo, rodeados de cabritos, lo que confirma la importancia que tenía para la productora destacar la presencia del cantor en la difusión pública. En otro gran aviso publicado el 1º de octubre se señalaba:

Flor de Durazno, la bellísima y sentimental novela del Dr. G. Martínez Zuviría (conocido por Hugo Wast), ha sido adaptada a la escena cinematográfica por el Sr. F. Defilippis Novoa, en forma tal, que la opinión de nuestra prensa y conocedores del arte la consideran como la más completa y feliz de las obras de esta índole realizada en el país.

Si bien no sería un éxito tan abrumador como lo había sido *Nobleza gaucha*, el público asistió masivamente a sus proyecciones[2] y se mantuvo en cartel del 28 de septiembre al 18 de octubre en el cine Select, y desde el 13 de ese mes comenzó a proyectarse en el Cristal Palace. En los meses siguientes fue exhibida en los cines Callao, The American Palace, Bolívar, Gran Salón Almagro y Bijou Salon. Es de destacar que el día del estreno comenzó una huelga general de los obreros ferroviarios, que paralizó totalmente el transporte, medida que sería acompañada por la huelga de otros gremios, que dejaron a la ciudad con un muy bajo nivel de actividad. Pese a estas vicisitudes, la rápida inclusión de la película en la cartelera de numerosos cines evidencia la alta repercusión que alcanzó. Ello parece haber provocado, incluso, la reposición de *Nobleza gaucha*, que el 31 de octubre reapareció en cartelera. Otra información indica que la película se mantuvo en cartel en forma alternada en Buenos Aires hasta 1921 y que en cierto momento la productora Patria Film organizó un festejo al cumplirse las ochocientas representaciones.

Por todo ello, esta película merece su lugar en la historia del cine argentino, de la que por desconocimiento e incluso por un prejuicio sobre la capacidad actoral de Gardel se la había excluido. Es cierto que hasta no hace mucho tiempo no se contaba más que con fragmentos de la película, ahora íntegramente recuperada, pero tampoco

---

2 "...el público asistía en pleno al estreno de la película nacional *Flor de durazno* (los primeros quince días en el Coliseo de la calle Charcas a $5 la platea y luego en el cine Suipacha a $3), para sufrir con los amores y desventuras de los personajes novelizados por Hugo Wast y en cuya trama Carlos Gardel interpretaba el papel de un peoncito enamorado de 108 kilos de peso" (Puccia, E., 1997: 305).

se había realizado una investigación de las fuentes periodísticas de la época que permitiera comprender su verdadera incidencia.

Con *Flor de durazno*, Carlos Gardel tuvo su primera experiencia cinematográfica, iniciando así un largo camino en el cine, al que se volcará decididamente cuando más adelante este incorpore la banda sonora al relato. Por otro lado, la exitosa difusión del film y la propaganda realizada, donde Gardel aparecía con un rol protagónico, afirmó aún más la proyección nacional de su imagen. Al mismo tiempo, la filmación proporcionó al actor una visión objetiva de su figura, al verla reflejada en la pantalla, y ello impulsará su tenaz esfuerzo por remodelarla para adecuarla a los parámetros que crecientemente se impondrían en lo concerniente a belleza masculina. Será parte de su esfuerzo por construir el galán-cantor, figura que lo proyectará internacionalmente.

Encuadres de canciones

Antecedentes del cine sonoro en el país

Desde sus comienzos, el cine argentino quiso tener voz. Los primeros ensayos de sonorización ya se habían hecho hacia principios de siglo, para lo que se habían realizado películas breves que coincidieran con la duración de los discos (de dos a cuatro minutos aproximadamente). Para tal fin, se escenificaron canciones y situaciones de sainetes, de zarzuelas o de óperas y luego se acompañaron con los discos del artista correspondiente. Entre los músicos y actores figuraron Ángel Villoldo y Alfredo Gobbi, de gran popularidad gracias a la grabación de discos con repercusión a nivel internacional. La casa Lepage comercializaba estos productos desde 1907.

En las películas *Santos Vega* y *El matrero* se incorporaron voces y algunos acompañamientos musicales, y *Nobleza gaucha* se exhibió con música ejecutada por orquesta sincronizada con el desarrollo de la película. Algunos años después, el *negro* Ferreira hizo intentos parecidos con *La muchacha del arrabal*. La primera película sonora del país fue *Mosaico criollo*, cortometraje de dieciséis minutos dirigido por Roberto Guidi, que incluyó dos canciones interpretadas por Anita Palmero y el trío Vázquez Vigo. En ese caso, se utilizaron discos sincronizados con la película. Todos estos, sin embargo, fueron ensayos parciales, con muchas dificultades técnicas y reticencia por parte del público.

Durante el período silente, el cine argentino gozó de una breve primavera, potenciada por la crisis de la industria cinematográfica europea y la curiosidad que provocaba en la población local el tratamiento de temáticas autóctonas.

Hacia mediados de la década de 1910, Estados Unidos inició una política agresiva de colocación de sus films en el mundo. En pocos años, la industria argentina, confrontada con la calidad, la cantidad y el poderío económico de la industria norteamericana, comenzó a declinar. Durante la década de 1920, la producción local pasó a representar apenas el 10% de la recaudación de las boleterías (Karush, 2015: 106).

Sin embargo, los mismos avances técnicos del cine norteamericano sirvieron para rescatar a la agonizante producción local. Por ese entonces, Warner Bros desarrolló en Estados Unidos el sistema *vithaphone*, que consistía en la reproducción sonora mediante discos que se sincronizaban con la proyección de los films. Ello permitió el estreno en 1927 de *Don Juan* y *El cantor de jazz* (esta última haría saltar a la fama a Al Jolson, el "negro blanco").

La divina dama –con Corinne Griffith y Victor Varconi, dirigidos por Frank Lloyd–, estrenada en el Grand Splendid el 12 de junio de 1929, avivó el interés por el cine sonoro entre el público porteño. Ese año se exhibieron también *Los cuatro diablos* de Murnau y *Melodía de Broadway* de Beaumont. Más adelante, el 21 de noviembre de 1930, se estrenó en el cine Callao *Flor de fango*, una producción austro-alemana de la Srauss Film, con Igo Sym y Cony Bellen. Si bien la película era silente, fue sonorizada con la tecnología del sistema *vitaphone* y en *off* se pudo apreciar la voz de la cancionista Ada Falcón interpretando el tango "Juventud".

Las productoras locales quisieron ser parte del incipiente fenómeno. La Corporación Argentina de Films comenzó a importar la tecnología de banda de sonido incorporada, el sistema *movietone*, un producto surgido de combinar el sistema creado por el profesor Lee De Forest en 1923 con algunas características del método Tri-Ergon, de origen alemán, experimentado por los estudios Fox. Aquí la pista sonora estaba incorporada a la película y evitaba los inconvenientes de sincronización de los sistemas anteriores (Muoyo, A., 2000). En el documental *¡Yrigoyen!*, estrenado en el Apolo, José Böhr y Sofía Bozán serán los primeros artistas del *music-hall* argentino que estrenen el *movietone*.

La filmación de Encuadres de canciones

El mismo equipamiento fue empleado por la empresa Cinematográfica Valle, del cineasta documentalista Federico Valle –don Federico, como lo solían llamar–, asociado al actor-director y productor ejecutivo Eduardo Morera, al productor capitalista Francisco Canaro y a José Razzano, apoderado legal de Gardel, para la filmación de una serie de cortos musicales.

Valle, italiano, había llegado a la Argentina en 1911 a los treinta y un años. Había recibido lecciones de cine en Francia y contaba con gran experiencia como operador: había realizado la primera toma aérea hecha en Europa desde un avión así como la filmación del terremoto de Messina. En la Argentina se inició con un laboratorio de subtitulado de películas extranjeras. Fundó la Cinematográfica Valle y produjo una gran cantidad de documentales, conocidos como Film Revista Valle.

Eduardo Morera tenía un gran entusiasmo por el cine. Ya había participado como actor en algunas películas y ahora también mostraba interés por la dirección. Morera pensaba que, con los éxitos de las canciones populares, se podía hacer una serie de cortos de complemento (los cuales solían pasarse antes de la película central y se pagaban aparte). La idea fue filmar algunas canciones interpretadas por Gardel y la orquesta de Francisco Canaro. Aparentemente, se pensó también en las figuras de las cancionistas Ada Falcón y Anita Palmero, e incluso se jugó con la idea de grabar una escena gaucha con la participación de José Razzano, socio artístico de Gardel.

El diario *La Argentina* del 16 de octubre de 1930 adelantaba: "En breve iniciarán los estudios Valle sus actividades en el campo del film sonoro. Las películas de variedades ofrecerán aspectos peculiares inspirados en la música popular, empleando el sistema Fonofilm". Al modo de la Screen Song's de Paramount Pictures, los "encuadres de canciones" o "encuadres musicales" de Cinematográfica Valle fueron un hito decisivo en los comienzos del cine sonoro argentino. En 1956, Canaro recordó así ese momento:

> Influenciado por Eduardo Morera, que tenía un gran entusiasmo por la dirección de las películas cinematográficas, nos reunimos un día con Carlos Gardel, José Vazquez Vigo y Eduardo Morera, con el propósito de planear la formación de una sociedad para la producción de películas de cortometraje, con la base esencial de la actuación de Carlos Gardel y de mi orquesta. No discutimos mucho, quedando formalizado el convenio, y de inmediato comenzamos a filmar una serie de películas, en unas cantando Gardel acompañado de sus guitarristas y otras que acompañé yo con mi orquesta. La dirección estuvo a cargo de Morera, que hacía sus primeras armas en la cinematografía (Canaro, F., 1999: 201).

Se organizó la producción. Para ello, se convocó al camarógrafo Antonio Merayo, quien trabajaba en los cortos Film Revista Valle como asistente del documentalista Francisco Mayhofer (y que había sido el fotógrafo de *Flor de durazno*). El equipo técnico se completó con los sonidistas Ricardo Raffo y Roberto Schmidt. El plan era realizar quince películas en un set dispuesto para tal fin en la calle México, entre Piedras y Tacuarí. Se filmarían en horario nocturno, entre el 23 de octubre y el 3 de noviembre.

Más que un set construido para tal fin, el lugar era un galpón de chapas de zinc, que su propietario usaba como depósito y laboratorio para películas de 16 milímetros. Contaba con algunas habitaciones, las cuales se utilizarían para las sesiones de maquillaje y como utilería durante el rodaje, mientras que el fondo fue el espacio donde instalaron la cámara (una "Lee De Forest") que llevó acoplada una caja con lámpara especial para imprimir el sonido sobre la misma película).

A pesar de que se habían recubierto las chapas con material aislante y trapos de piso, debieron levantar una cabina de vidrio para aislar la cámara con su correspondiente flexible y motor; así y todo, hubo que colocarle un almohadón encima, pues el ruido que producía al encenderse impedía escuchar la voz del cantor. Asimismo, su tamaño y su peso hacían que los travellings no fueran técnicamente posibles, por lo que debieron cambiar de objetivos cada vez que lo precisaron, correr la cabina completa o, peor aún, a los actores y al decorado. Y en cuanto a las luces, no había a disponibilidad lámparas chicas, y al no haber decorados, los juegos de contraluz se veían muy limitados, por lo que la única solución que encontraron fue inundar el set de luz, lo que provocaba un calor extraordinario; de ahí también la decisión de filmar de noche, para aminorar un poco la temperatura.

Eduardo Morera[3] dio su versión de aquel hecho:

> A mí se me ocurrió, con los éxitos de las canciones populares, hacer un corto de complemento (...). El complemento se alquilaba aparte. La película de base iba siempre a precio fijo. No como después de la revolución del sistema de explotación, en que a porcentaje fue. Antes no. Entonces, al complemento también lo pagaba el dueño del cine. Pretendimos hacer unas películas cortas sobre la base de músicas populares... La contraté

---

[3] Actor-galán de cine mudo argentino, Morera había llegado al estrellato en *Bajo la mirada de Dios* (1926) y *La borrachera del tango* (1928), con Nedda Francy. Luego, convertido en directivo del Film Revista Valle, impulsa la producción de los cortos musicales. La suya es la carrera del artista-empresario en busca del éxito popular. *Ídolos de la radio* (Río de la Plata, 1934), *Por buen camino* (íd., 1935), *Ya tiene comisario el pueblo* (Argentina Sono Film, 1936, codirigida por Claudio Martínez Payva), *Así es el tango* (Porteña Films-Terra, 1937), *Un bebé de contrabando* (Pampa Film, 1940) y *Melodías de América* (Estudios San Miguel, 1942, con José Mojica), ejemplifican el perfil de sus películas.

> a Azucena Maizani, a Ada Falcón, a Canaro, Armani, Cóspito, Magaldi (Magaldi-Noda, en aquellos tiempos) y a Gardel-Razzano, mejor dicho a Gardel, porque ya Razzano no cantaba.
> –¿Gardel estaba interesado?
> –No, al contrario, era un retobado bárbaro. Finalmente lo convencieron Razzano y Leguisamo.
> –¿Por qué no quería filmar?
> –Porque estaba muy gordo. Pero fíjese qué cosa, con los años Gardel, que se había negado a filmar, fue el principal impulsor del cine sonoro en América Latina y si se quiere, un precursor del video-clip (ANESA, "Reportaje al cine argentino", 1978).

Morera agregó en la entrevista que se filmaron quince cortos, pero que cinco se perdieron en su procesamiento en el laboratorio, entre ellos uno con la participación del jockey Irineo Leguisamo, donde Gardel cantaba "¡Leguisamo solo!" (Clarín, 1991).

"Cuando José Razzano me presentó a Gardel para filmar con él quince películas, lo miré y le dije por lo bajo: 'Con éste voy a poder rodar como máximo un par de cortometrajes, ¿vos ves lo grandote y gordo que es?'..."

También indicó que otro inconveniente que surgió al comenzar a filmar con Gardel fue su negativa a cantar con orquesta.

> La gente no estaba muy de acuerdo con que dirigiese a Carlitos. Muchos decían que yo no sabía nada de cine. Pero juntos nos arriesgamos y demostramos que hicimos un buen producto... Enrique Santos Discépolo, por ejemplo, participó en "Yira yira". Me acuerdo de que en aquel momento yo no había quedado muy conforme con él porque había hecho algo muy corto y humorístico, que me pareció que no correspondía con el tenor dramático de la letra de ese tango. De todas maneras fue un testimonio emocionante (*La Maga*, 1995).

Antonio Merayo, iluminador de estos cortos, recordó que conoció a Gardel en el estudio de filmación. En cuanto a las luces y el calor, aseguró que a Gardel no le gustaba demasiado. Al set de filmación lo llamaba el "baño turco". Por otra parte, teníamos que tener mucho cuidado al cargar la cámara, que era muy especial, porque tenía una ventanita para alta velocidad, que si se llegaba a atascar se rompía todo el mecanismo. Con esa misma cámara se filmaron más tarde algunos largometrajes. Gardel era un gran tipo, un muchacho muy sencillo y generoso, que tomaba confianza con todo el mundo.

Merayo indica que mientras el cantor esperaba que pusieran las luces, estaba en camiseta y se iba para el patio, donde unos muchachos le cebaban mate mientras él hablaba sobre su futuro viaje a Europa. Gardel estaba muy entusiasmado con hacer cine y les decía que cuando regresara se iba a dedicar en serio a trabajar en películas de largometraje. Filmaron durante quince días, a razón de una película por día.

Carlos Gardel ensaya *Viejo smoking* junto a la orquesta de Canaro.
(Archivo personal de los autores)

El único corto de características diferentes sería *Viejo smoking*, basado en el guión de Enrique Maroni. En él trabajaban, además de Carlos, Inés Murray y César Fiaschi. La escena comienza con una toma de una habitación ambientada en forma realista, en donde vemos a Gardel sentado a una mesa, fumando y jugando al solitario.

Luego llegó el momento de interpretar el tango. La intención era que Gardel lo cantara sobre ese mismo escenario, pero esta vez –a diferencia de los otros temas– sin la presencia de la orquesta. Como aún la posibilidad de grabar el sonido aparte y luego realizar la compaginación pertinente no era posible, la orquesta debía ponerse detrás de la cámara rodeándola. Para tal fin Canaro, encargado de dirigir la agrupación, acomodó a sus músicos según la estridencia del instrumento y su cualidad acústica. Morera, por su parte, explicó a Gardel los gestos que éste debía hacer en determinados momentos de la canción –tomar un pañuelo, apretar un puño, etc–. El cantor, siempre profesional, se prestó sin pestañar.

La última noche de rodaje, Azucena Maizani, cancionista de tangos y amiga de Carlos Gardel, apareció por el set con una caja de corbatas de regalo. "Cuando ella se fue, Gardel me dijo: '¡Bueno, pibe, elegite una!' –recordó Merayo–. Le pregunté cuál podía elegir y él me contestó: '¡La que más quieras, la que más te guste!'. Gardel era un tipo que se hacía querer." El iluminador explicó que los cortos se realizaron

> por partes. Cada canción se filmaba en forma fraccionada. Primero se hacía una parte tomando todo el conjunto, después se aproximaba el plano y luego, una toma más cercana. Mientras filmábamos Gardel conversaba con todos y cuando el rodaje terminaba se iba acompañado de Eduardo Morera, el director, y algunas veces con Francisco Canaro y José Razzano para ir a

cenar. A Gardel le gustaba comer mucho y por eso andaba un poco gordito, pese a ello era muy exquisito y elegante para vestir. Era un gusto verlo (Pinsón N. y García Blaya, R., s/f).

El periodista Conrado E. Eggers-Lecour asistió a la filmación y nos dejó el siguiente relato:

> He asistido a la filmación de la primera película parlante argentina destinada al público, en los estudios de la casa Valle... Se trataba de un breve sketch dramático para dar motivo a que Carlos Gardel cantase un tango con esa voz y ese estilo que lo han hecho inimitable... es de admirar el entusiasmo que ponen todos, desde el director hasta el atrecista, en esa labor... Canaro dice a sus músicos que uno debe ponerse aquí y el otro allí, que el sonido final hay que tocarlo así y la nueva entrada ponerla a tono de tal manera, a fin de permitir la nueva filmación de la película y del sonido, y le obedecen de inmediato. El director hace repetir diez veces a Carlitos Gardel el gesto, la actitud o el tono, y el celebrado cantor se presta dócilmente a todas las indicaciones, y así con todo.
>
> Después de ésta, se filmarán otras películas parlantes análogas, esto es, breves sketches con canto y orquesta, para lo cual se ha contratado a Carlitos Gardel para diez películas, a José Razzano para hacer varias escenas gauchas, y a las conocidas cancionistas Anita Palmero y Ada Falcón... Esto puede ser por fin la oportunidad que se esperaba para la formación de la verdadera industria cinematográfica argentina (Revista *Aconcagua*, 1930).

Análisis

Excluyendo *Viejo smoking*, y en comparación con ciertos avances estéticos y técnicos generados durante el período silente, los cortos implicaron un retroceso a la linealidad, a la rigidez de la cámara, a la luz plana y a la interpretación teatral provenientes del modo de representación primitivo. Gardel mira al espectador, interpelándolo, mientras interpreta las canciones en vivo, sin *playback*, método que se convertirá en norma cuando filme algunas de sus películas posteriores en el exterior. No hay movimientos de cámara, excepto por un fundido en negro como cierre de cada corto. Son los únicos documentos fílmicos que hay del Gardel teatral, que actuaba en teatros como el Empire y el Esmeralda: de esmoquin y *pan-cake*, sentado delante de sus guitarristas e iluminado por un proyector.

En *Mano a mano*, en *Yira yira* y en *El carretero*, Riverol y Barbieri lucen aprensivos ante la cámara, pero en *Añoranzas* y en *Canchero*, en cambio, se los ve mucho más sueltos, ayudados por el mayor distanciamiento. Con el rostro teatralmente pintado, sus caras parecen máscaras expresionistas; todos actúan sentados en sillas mientras Gardel canta ubicado en una banqueta.

Si bien cinematográficamente los cortos pertenecen al modo de representación primitivo, desde el punto de vista de su puesta en escena teatral están más emparentados con las experiencias vanguardistas, aunque de un modo meramente casual. Excepto por *Viejo smoking* y por *Rosas de otoño*, en los que la escenografía es realista, los cortos presentan a los músicos sobre un telón negro, que contiene en laterales y foro a los intérpretes creando un efecto de atemporalidad.

Los cortos de 1930 anticipan giros del cine gardeliano entre lo rural (*El carretero, Añoranzas, Rosas de otoño*) y lo urbano (*Yira yira, Tengo miedo, Mano a mano*), con algunas entonaciones de comedias (*Padrino pelao, Enfundá la mandolina*) o tonos dramáticos (*Canchero, Viejo smoking*). En éstos aparece la fórmula que Gardel y Le Pera desarrollarán en las películas de Paramount años más tarde: el personaje golpeado que sintetiza el contraste entre el optimismo campero de De Nava y el pesimismo ciudadano de Discépolo.

La repercusión

Tras un período de edición y compaginación, el 3 de mayo las "películas de Carlitos" (así se presentaban en los periódicos porteños) aparecen por fin anunciadas: "Carlitos Gardel en su primer film sonoro: *Viejo smocking* (sic), *Padrino pelao* y *El carretero* (tangos teatralizados)".[4]

Los cortos se estrenaron el 3 de mayo de 1931 en el cine Astral, como complemento del film *Ángeles del infierno* de Artistas Unidos.[5] El 18 de mayo, además del Astral, se los presenta en el Gran Cine Florida junto con la actuación del ilusionista Fu-Man-Chu y las películas *Náufragos del amor* y *Los pequeros*. Curiosamente, en esos días la cantante Azucena Maizani aparecía en películas sólo aptas para adultos: *La casa del placer* y *Alma de ramera*, en el Cine Florida, en el subsuelo de la Galería Güemes, la tradicional sala de films eróticos o pornográficos.[6] Los cortos continuarían alternándose en cartel durante todo el año y también los años siguientes (especialmente después de que Gardel filme en París).

En España, los cortos de *Encuadres de canciones* se estrenaron por separado. El lunes 12 de diciembre de 1932 se presentaron bajo el nombre de "Musas Argentinas" en

---

[4] Según Miguel Ángel Morena, los cortos se estrenaron el 3 de mayo bajo el título "Variedad Musical", como complemento al film *City Lights*, de Charles Chaplin.

[5] En las memorias de José Razzano, la mención a estas películas aparece en la página 274 del capítulo "El cinematógrafo", donde figuran como "breves encuadres" tomados en un estudio sui géneris, calificados como "inocentemente documentales".

[6] Una placa recuerda el rodaje de estos cortos. En el Garaje Méjico, sito en México 832/836, se lee: "Aquí nació en 1930 la industria cinematográfica argentina a través de las primeras películas sonoras filmadas en Latinoamérica, que registran la voz y la imagen de Carlos Gardel. En el nombre del realizador de esta obra fundacional, el pionero Eduardo Morera. El honorable Concejo de la Ciudad de Buenos Aires rinde este homenaje a la cultura nacional. Comisión de Cultura y Difusión - 30 septiembre 1990".

el cine San Carlos de Madrid. En dicha ocasión se presentaron tres canciones, junto con el reestreno de *París-Mediterráneo*.

Los cortos se siguieron proyectando en las siguientes semanas. El 23 de diciembre también se estrenaron en Barcelona, en el cine Barceló, en este caso con el título de "Musa Argentina". En aquella ocasión, se proyectaron *Mano a mano*, *Rosas de otoño* y *Enfunde la mandolina* (sic).

Los cortos siguieron en cartel durante enero de 1933, pero bajo títulos variados (quizá para presentarlos como una novedad). En algún caso se presentaron bajo el nombre de "Nostalgia Porteña", en otras como "Brisas de La Pampa" y hasta como "Nostalgia norteña (por el estilista Carlos Gardel)".

Aún en abril podían verse anuncios que presentaban "Musa Argentina": "en la cual el formidable CARLOS GARDEL canta los tangos MANO A MANO y AL SON DE LA MANDOLINA (sic) y el vals AÑORANZAS".[7]

En mayo aparece la novedad del estreno en solitario de *Viejo Smoking*. Dicho evento ocurrió en varios cines de Barcelona, como el Gran Cine América, el Cine Layetana Sonoro y el Broadway Cinema. En junio, las canciones se presentan, bajo el nombre de "Nostalgia porteña, Canciones por Carlos Gardel", en dos cines sevillanos: el San Lorenzo y el Gran Cinema Plaza Nueva. Seguirán presentándose tanto en Madrid como en Sevilla (Teatro Llorens) hasta enero de 1934 inclusive, donde el Cine Legazpi presenta "Nostalgia porteña (tangos y canciones por Carlos Gardel)".

---

[7] Rasore, A., *Proyección de los cortos de Gardel en España*, www.dossier-carlosgardel.blogspot.com.ar.

La televisión experimental argentina asimiló rápidamente los cortos de Valle, y los antecedentes internacionales indican que con John L. Baird, en 1926, comienza una tecnología basada en sistemas electrónicos que superan los mecánicos de Paul Nipkow establecidos cuarenta años antes. En 1929 los Bell Telephone Laboratories demuestran la perfección del nuevo sistema en una transmisión entre Nueva York y Washington. Con Peter Goldmark y la Columbia Broadcasting System (CBS), la televisión experimental descubre la imagen con ilusión de movimiento, sonido y color. En 1932, Radio Corporation of America (RCA), Phillips y Electric and Musical Industries (EMI) impulsan la imagen electrónica ya con proyección industrial. Un poco antes, LR4 Radio Splendid de Buenos Aires entraba en esa competencia.

Así, en enero de 1931 comenzaron las primeras transmisiones de televisión argentina, las llamadas "Siluetas animadas", con *Viejo smoking,* desde el estudio de Splendid. La imagen, acromática y sonora, era captada hasta en el nordeste argentino. La *Radio Revista* lo relataba unos meses después:

> El día 8 de agosto se trasmitió un pedazo de película de un medio busto del conocido cantor Sr. Carlos Gardel, pero más bien como experimento de laboratorio y sin pensar que esta transmisión fuese recibida por ningún aficionado. Con sorpresa recibimos el siguiente telegrama del señor Juan Zualet, de Curuzú Cuatiá, Corrientes, dirigido a la estación LR4, Radio Splendid: "Felicitaciones por transmisión televisión sin interferencias. Vista en ésta hasta el fin. Felicito al señor Gómez (Fdo.): Juan Zualet". Esperamos seguir perfeccionando nuestras transmisiones para que el número de aficionados experimentadores de televisión aumenten día a día (Radio *Revista,* 1831).

La llegada del sonido al cine produjo el resurgimiento de la industria cinematográfica nacional. En 1931 el sello Sur se filmó *La vía de oro*, una de las últimas con sistema de sonido sincronizado, esto es que se grababa en un disco independiente del proyector y se ejecutaba en forma paralela a la proyección. Dicha película, dirigida por Edmo Cominetti, tuvo a Nedda Francy, Alfredo Lliri y Felipe Farah como actores principales. El empresario español Carlos Zapater sugirió al productor Arturo S. Mom ofrecerle a Gardel su participación en *off*, pero éste no aceptó y sugirió en su lugar a su colega Charlo.

En 1933, se crearon los primeros estudios modernos del país –Lumiton y Argentina Sono Film–, cuyo objetivo fue el de hacer películas con tecnología autóctona. Dicho año se estrenó *¡Tango!* (Moglia Barth), y los resultados superaron incluso las expectativas más optimistas: se llegó a estrenar entre cuarenta y cincuenta películas al año durante la siguiente década (Karush, 2012: 106). Apenas siete años después de aquellos encuadres de canciones filmadas precariamente en un galpón de la calle México, la industria local ya contaba con nueve estudios de cine, treinta compañías productoras y varios centenares de películas producidas. La semilla había sido sembrada con todo éxito.

> Llegamos a confeccionar varias películas, que alcanzaron un resonante éxito. En esos tiempos el cine sonoro estaba en pañales –recordó Canaro, décadas más tarde–. Quiere decir que nuestras primeras producciones de entonces algún mérito debían tener, cuando sus exhibiciones perduran a través de los años. [...] La verdad histórica es que, con esas primitivas producciones nuestras, fuimos con Gardel de los primeros filmadores de cine sonoro en nuestro país (Canaro, F., 1999: 201).

Segunda parte: Francia

Primera etapa de trabajo en Joinville

La búsqueda del espacio cinematográfico internacional

Paramount

Hacia fines de abril de 1931 Gardel estaba en París, cerrando los últimos detalles para concretar su gran anhelo: filmar películas de proyección internacional. Para muchos autores fue recién con la experiencia de los cortos dirigidos por Eduardo Morera en 1930 cuando Gardel pensó en desarrollar su carrera cinematográfica fuera del país, y el mismo Morera ha reafirmado esta tesis, recordando su resistencia inicial a filmar, pero ello no parece verídico. En este aspecto, Gardel se adelantó a todos sus pares argentinos al buscar por esa vía su proyección al mundo. Teniendo en cuenta que recién en 1927 comenzó la era del cine sonoro en forma regular en Estados Unidos, resulta notable que ya en 1929 Gardel se encontrara haciendo tratativas en esa perspectiva, como se aprecia en la carta que le envía desde Barcelona a José Razzano el 19 de enero de 1928:

> Te daré una noticia sensacional, no la divulgues todavía, te mandaré telegrama: Aquí hay un novelista famoso español (que) se llama "el caballero audaz" y tiene una novela que se llama *La venenosa*, y será interpretada por la Raquel Meller y me ha ofrecido el (puesto de) primer actor, que es un papel colosal y simpático: es un apache. Date cuenta, la película se hará en París por el mejor director de films de allí. Es de un capital de 10 millones de pesetas, se empezará a trabajar a fines de febrero y terminaré a fines de marzo. La cuestión es (que si) el asunto se produce en París deberé estar allí, pero resulta que tendrían que contratar a un actor francés. No sé en qué quedará. Estoy esperando telegrama de este señor para arreglar el asunto. Te imaginarás

que fenómeno para nosotros, pues procuraría (que) me dieran la representación en la Argentina, Montevideo, Chile; en fin, el filón del año sería, la (¿revolución?) definitiva y repercutiría hasta en los discos. Pero hemos leído en los diarios españoles que Raquel está enferma de (¿pleuresía?). Date cuenta la mala suerte; pero creo que se salvará y tal vez se arregle el asunto (del que) tanto he dicho. Bueno, en otra te daré mejor detalle de todo y haré que publiques la noticia si llega a producirse.

Afiche promocional de *La Venenosa*, el film que pudo significar el debut cinematográfico de Gardel (Archivo personal de los autores)

El film describe la historia de *La Venenosa* (Raquel Meller), una mujer que guarda un halo de misterio sobre ella, pues algunas personas decían que había nacido en la India y que sus padres eran una encantadora de serpientes y un faquir renegado. Mordida por una serpiente sagrada en su infancia, creció por ello sin saber lo que era el amor o el miedo. Asimismo, cada hombre que intentaba seducirla moría, de allí su fama de "La venenosa".

Gardel iba a representar el papel de un criminal que pertenecía a una pandilla parisina. La lista de hombres desafortunados incluía a Massetti, un payaso triste, un domador de leones y un príncipe indio, con el que ella se casará (aunque también correrá la misma suerte de los otros). Debido a la muerte del príncipe, "La venenosa" se convertirá en una mujer rica y encontrará el amor en el criminal Apache, convertido ahora en un hombre honesto. Finalmente, el papel fue otorgado a Warwick Ward. Gardel confirmó a lo largo de 1929 estos proyectos en diferentes declaraciones a la prensa. En junio de 1929 declaraba en Montevideo: "Tengo un contrato firmado con la 'Paramount'. A mediados de enero de 1930, abandonaré París para irme a Hollywood, donde tengo que impresionar un film sonoro" (Diario *El Plata*, Montevideo, 2 de junio de 1929, en Peluso y Viscoonti, 1990: 94).[8] También la revista *El Tango Popular* de Barcelona, en el número 2 de ese año señala:

> Ya es un hecho que el cantor de tangos argentinos Carlitos Gardel actuará en la pantalla... Terminada la larga duración de sus contratos (que incluyen un contrato que ha dejado firmado con una empresa en París desde comienzos de octubre de 1929) visitará Nueva York no como turista sino como cantor de tangos. Y una vez que se haya dado a conocer en su difícil trabajo, se trasladará a Hollywood para filmar una película, contrato que tiene firmado

---

[8] Lo mismo señaló al Diario *Crítica* el 22 de junio de ese año.

con la importante empresa Paramount Pictures, que lo explotará en la innovación de films parlantes. Es decir que Carlos Gardel actuará como actor y como cantante. (*El tango popular de Barcelona*, N.º 2, 1929 citado en Peluso y Visconti, 1990: 89-90).

Se le ha reprochado a Gardel el haber buscado fuera de la Argentina su proyección cinematográfica, alegando que su actitud impedía la gran expansión del cine argentino en el mundo de habla hispana, pero ello es totalmente injusto. Gardel conocía de cerca las condiciones precarias en que se desenvolvía la industria cinematográfica local, así como que el mismo público argentino prefería abiertamente las películas extranjeras, justamente por la gran diferencia de calidad. Además, a excepción de *Nobleza Gaucha* en su momento, las películas argentinas no se difundían prácticamente fuera del país, por lo cual, si quería comenzar una carrera internacional en el cine, su decisión parece acertada.

Enrique Cadícamo ha dejado claro la permanente preocupación de Gardel por realizarse en el plano actoral:

> Gardel experimentaba un irresistible deseo de verse reflejado en la pantalla. Estaba convencido de que detrás de su canto, que sentía fervorosamente, había una segunda naturaleza, que era su vocación de actor. Cuando iba a visitar a su amigo el actor Enrique de Rosas al teatro Odeón de la calle Esmeralda, siempre lo hacía antes de comenzar la función para poder entrar al camarín y verlo maquillarse. Dejándose llevar por su carácter de niño grande, comenzaba a jugar ante el espejo de la mesa-tualé del actor, para ensayar gestos, mímicas, probándose pelucas o bigotes mientras se observaba de frente y de perfil, o eligiendo entre la caja de pomos de pasta-carne, el número con el que, con muy buenas ganas, hubiera querido empastarse el rostro para salir a escena.
>
> [...] Ésta era la causa por la cual Gardel en la hora de su apogeo no pensaba en otra cosa que no fuera hacer cine (Cadícamo, 1975).

Paramount era una de las compañías de producción y distribución norteamericanas más importantes, fundada en 1914 por W. W. Hodkinson –un antiguo administrador de la General Film Company–, y originalmente distribuía los films producidos por otras firmas. Bajo la dirección de Adolph Zukor en 1916, Famous Players y Jesse L. Lasky Feature Play se fusionaron en Famous Players/Lasky y absorbieron Paramount Picture Corporation. Desde 1919, la nueva compañía amplió su red de salas en Estados Unidos y en 1927 se convirtió en Paramount Famous Lasky Corporation, para, en 1930, pasar a ser Paramount Publix Corporation.

Adolph Zukor había impulsado en 1912 la introducción en Estados Unidos de la película La reina Elisabeth con Sara Bernhardt, que fue acompañada de un gran despliegue publicitario y se convirtió en un éxito de taquilla. De ahí la creación de Famous Players Corporation, compañía asentada en la idea del cine de estrellas, idea que se trasmitiría entonces a la fusionada Paramount.

Considerado el más "europeo" de los estudios norteamericanos, Paramount se aseguró la presencia de Josef von Stenberg, Ernst Lubitsch. Emil Jannings y Maurice Chevalier en su *staff*. Con ellos, la compañía se colocó rápidamente en el rango de las *majors* (grandes) de Hollywood, con su célebre eslogan de los años treinta: "Si es una buena película es de la Paramount".

El impacto del cine sonoro

Desde los orígenes de la cinematografía hubo intentos de sincronizar el sonido con la imagen. Ya el 6 de octubre de 1889 se proyectaba un film en el que un colaborador de Edison le preguntaba: "Buenos días, Mr. Edison, ¿le gusta el cinematógrafo?". Pero fueron las grandes compañías de la industria eléctrica las que impulsaron este proceso. La

Western Electric desarrolló adecuadamente los sistemas *vitaphone* y *movietone*. Sin embargo, los productores no se animaban a utilizarla. Su introducción suponía un cambio gigantesco, tanto en las formas de producir las películas como en la introducción de equipos nuevos que implicaban un reemplazo total de los proyectores existentes, además de una readecuación de las salas de exhibición.

Tuvo que ser una compañía independiente la que se jugara a esta alternativa que las empresas veían derrotada de antemano.[9] Warner Brothers presentó el 15 de agosto de 1926 en Nueva York el *vitaphone* aplicado a la cinta de Aland Crosland *Don Juan*. El film se apoyó en la sincronización de una partitura musical escrita especialmente para la película, dando origen al *leitmotiv* de origen teatral, y de tanto uso posterior en el cine americano y otras piezas sinfónicas de diversos intérpretes. Pero fue *El cantor de jazz* (estrenada el 5 de octubre de 1927) la que inició el incontenible proceso de pasaje al cine sonoro. La película, también dirigida por Crosland, incluyó partes habladas y cantadas, y basó su éxito en la gran popularidad de su intérprete principal, el cantante Al Jolson.

El impacto en la producción de los films fue enorme. Para poder captar adecuadamente el sonido era necesario filmar en edificios que aislaran los ruidos externos. Pero además, inicialmente, el micrófono fijo inmovilizaba las cámaras, y así se volvía a los comienzos del cine. Los intérpretes debieron pasar a expresarse a través de las palabras

---

[9] Así, Joseph Schenk, presidente de la United Artists señalaba: "Las películas habladas no sobrevivirán. El público seguirá prefiriendo las cintas silenciosas. Los sonidos tienen un valor real para aumentar la fuerza de ciertas películas y, desde luego, perdurarán; pero el 'drama silencioso' ha sido siempre, y seguirá siendo, la espina dorsal de la industria cinematográfica. En las películas mudas, los intérpretes pueden demostrar su personalidad con sincera expresión, y es inútil buscar sinceridad a través de procedimientos mecánicos. En Europa no han tomado en serio las películas habladas; las consideran simplemente como una moda pasajera" (Zúñiga, 1948).

y muchos famosos no pudieron superar esta situación, con voces inadecuadas a lo que su físico y expresión habían sugerido al público hasta entonces.[10] Los intérpretes teatrales con su capacidad de declamación desplazaban a los artistas consagrados del cine.

Un punto central que debieron enfrentar las compañías cinematográficas fue la pérdida de los mercados extranjeros. El cine sonoro había construido una nueva torre de Babel que pulverizó los notables avances anteriores por expresar con imágenes, con un lenguaje propio, todo tipo de mensajes y de emociones. Inicialmente se buscó un género que disminuyera estas dificultades. Se creyó que el musical sería lo más apropiado, música accesible y recordable, coreografías vistosas, el triunfo de Broadway sobre la historia de Hollywood. La supremacía de la parte musical en el cine por encima de la imagen dio impulso a las operetas y a las comedias musicales. Inicialmente en el exterior se distribuyeron las películas con solamente la parte musical con sonido y el resto sin sonido con acompañamiento musical en vivo según los parámetros del cine silente. Tomaron auge los noticiarios que podían mostrar ahora con sonido a personajes famosos apoyándose en la traducción en letreros intercalados.

Mientras en 1929 se mejoraba continuamente la calidad de las películas sonoras, avanzando en el manejo y la sincronización de los sonidos, seguía pendiente la difusión masiva en los mercados de todas las películas. La solución inicial de las compañías fue reproducir los films de habla inglesa con artistas de las diferentes lenguas donde el cine tuviera difusión. Hacia fines de la década de 1920, las compañías norteamericanas –ya por entonces dominadoras de

---

10 El musical *Cantando bajo la lluvia* (1952), protagonizado y dirigido por Gene Kelly, sería un sentido homenaje a esa transición entre el cine silente y el sonoro.

la industria cinematográfica occidental–[11] empezaron a filmar películas de versión múltiple, es decir, varias versiones de una misma película, pero rodadas en el idioma del público al que se destinaba. De esta manera, las películas podían llegar a ser habladas en inglés, francés, castellano, alemán, etc., casi en forma simultánea con apenas algunos cambios en el elenco. El gancho comercial pasaría –además de por el idioma–, por utilizar figuras conocidas por el público de los países a los cuales se destinaba el producto.[12]

Metro Goldwyn y Fox convocaron a Hollywood a artistas de diversa procedencia que se sumaron a literatos y periodistas para traducir los guiones originales, camino seguido más adelante por Columbia, Universal y Warner Brothers. Carlos F. Borcosque pasó a dirigir la producción hispana de la Metro y Baltasar Fernández Cué, la de Universal.

Cuando en 1931 apareció la técnica del doblaje, el viejo sistema de las múltiples versiones comenzó a ser desplazado, pero esta innovación igualmente daría que hablar. El escritor Jorge Luis Borges reflexionaba en 1932:

> Las posibilidades del arte de combinar no son infinitas, pero suelen ser espantosas. Los griegos engendraron la quimera, monstruo con cabeza de león, con cabeza de dragón, con cabeza de cabra; los teólogos del siglo II, la Trinidad, en la que inextricablemente se articulan el Padre, el Hijo y el Espíritu; los zoólogos

---

[11] Para darnos una idea de dicha dominación, basta ver algunas estadísticas: en 1928 Estados Unidos producía 800 películas contra 674 que producía la suma de toda Europa; en 1934, si bien hubo una importante caída de la producción norteamericana, ésta llegó a las 480 películas contra 654 de Europa. Argentina figuraba en los registros con 7 películas.

[12] Los primeros norteamericanos en trabajar bajo dicho sistema serían nada menos que Stan Laurel, Oliver Hardy ("el Gordo y el Flaco") y Buster Keaton. La relevancia del sistema de múltiple versión llegó a crear una suerte de *star system* para el mercado hispano: Catalina Bárcena, Antonio Moreno, Rosita Moreno, Lupita Tovar y el argentino Barry Norton entre muchos otros serían convocados una y otra vez para filmar. Manetti, R., s/f.

chinos, el ti-yiang, pájaro sobrenatural y bermejo, provisto de seis patas y de cuatro alas, pero sin cara ni ojos; los geómetras del siglo XIX, el hipercubo, figura de cuatro dimensiones, que encierra un número infinito de cubos y que está limitada por ocho cubos y por veinticuatro cuadrados. Hollywood acaba de enriquecer ese vano museo teratológico; por obra de un maligno artificio que se llama doblaje, propone monstruos que combinan las ilustres facciones de Greta Garbo con la voz de Aldonza Lorenzo. ¿Cómo no publicar nuestra admiración ante ese prodigio penoso, esas industriosas anomalías fonético-visuales?" (Borges, 1932).

No era el único que se resistía al doblaje. Manuel Villegas López, un importante historiador de cine francés, coincidía con la apreciación del escritor al considerar al doblaje como una "verdadera monstruosidad en la que el actor dice una palabra y pronuncia otra". No obstante, la innegable ventaja económica que esa técnica arrojaba provocó que el sistema de doblaje se expandiera con velocidad. La invención se les atribuye a Edwin Hopkins y Jacob Karol, quienes introdujeron la novedad en *The Flyer* en 1928. Pasaría un año hasta que la Paramount incorpore el sistema en *Río Rita* y otros dos para que Paramount se aboque con decisión a producir gran cantidad de películas con ese proceso. Mientras tanto, el sistema de múltiples versiones ocupó el centro del escenario en relación con la difusión del cine sonoro entre países de idiomas diferentes.

Joinville

Los estudios cinematográficos de Pathe en Joinville en los inicios del sonoro. (Archivo personal de los autores)

En una entrevista realizada el 24 de septiembre de 1931 por el diario argentino *Noticias Gráficas* Gardel señalaba: "Tengo compromisos contraídos con la Pathé y la Paramount, haré cinema". ¿Por qué el artista mezclaba a la gran compañía cinematográfica francesa y a la no menos importante norteamericana al definir sus perspectivas de filmación? En realidad, su percepción recogida en París se correspondía con el cruce histórico de ambas compañías que se produciría vinculado con la producción de películas sonoras que se desarrollaría en dos estudios cinematográficos situados en proximidad, pero en abierta competencia económica y artística.

Ello se explica a partir de la historia de la empresa Pathé. Charles Pathé construyó en 1896 en Vincennes su primera fábrica para la fabricación de placas y películas fotográficas. No muy lejos de su complejo industrial encargó a los hermanos Levinsky (que se ocupaban de contratar mobiliario para el entretenimiento, incluyendo teatros de París) que en tierras de la localidad de Joinville, situada a orillas del río Marne, construyeran un estudio. Éste es adquirido por uno de los colaboradores de Pathé, Serge Sandberg, quien funda en 1919 la Sociedad de Cineromans que en 1922 es a su vez comprada por el director del periódico *Le Matin,* Jean Sapene, que hace construir unos grandes estudios de producción cinematográfica. En 1929 estos estudios de Joinville pasan a manos a Bernard Natan que compra también Pathé Cinema.

Paralelamente, en 1913, en el número 7 de la Rue des Réservoirs, calle que divide la localidad de Saint-Maurice de la de Joinville, se erigieron otros pequeños estudios bajo el control desde 1915 de Luis Aubert, que luego se fusionaría con León Gaumont. Son éstos los estudios que adquiere la compañía norteamericana Paramount e inicia su gran ampliación el 17 de abril de 1930, todo ello bajo la dirección del ejecutivo y productor norteamericano Robert T. Kane. Además de las barreras del idioma, Paramount tenía otro incentivo poderoso para la producción de películas en Francia. Los estudios americanos habían hecho una gran cantidad de dinero en ese país en la última década y la legislación francesa establecía que una parte de los beneficios tenían que reinvertirse en el país para reforzar la industria del cine francés.[13]

Como dijimos, estos estudios estaban situados en 7 Rue Réservoirs, Saint Maurice, Val-de-Marne, Ile-de-France, Francia. La contigüidad con los estudios de Joinville y el hecho de que esta ciudad albergara en sus hospedajes a los miembros de las colonias artísticas que hacían cine en la zona, hizo que todo este complejo fuera denominado globalmente "Joinville",

---

13 Véase Cameron, 2015.

a pesar de que la rivalidad entre los dos estudios fuera importante y de que Joinville fuera el símbolo de la industria francesa frente al desembarco norteamericano y su creciente hegemonía internacional en materia cinematográfica. La rivalidad incluyó sus estilos de trabajo. Mientras los de Paramount, ubicados en la parte superior de la colina de Saint Maurice, denominados por ello "los de arriba", se dedicaban a la producción industrial vertiginosa de versiones adaptadas de baja calidad, los estudios de "los de abajo" de Pathé tenían grandes comodidades para los empleados y lujosas instalaciones, donde se producían películas francesas de alta calidad artística.[14]

Fue un proyecto muy ambicioso por parte de Paramount que construyó un gran complejo con seis estudios, el cual albergaba a directores, técnicos y artistas de las más variadas nacionalidades, y sobre la base de los patrones artísticos establecidos por la industria norteamericana pretendía convertirse en una gran fábrica de productos cinematográficos.[15] Las películas eran habladas en más de diez idiomas diferentes (francés, español, yugoslavo, ruso, noruego, danés, entre otros).

---

[14] Véase Rene Dennilauler, 2006.
[15] El actor Felipe Sassone lo ha descripto de esta manera: "A Joinville se le unen dos pueblos más, sin una señal visible que los separe: uno es Champigny; el otro, Saint Maurice, y en éste tiene sus estudios la Paramount. Ya en las inmediaciones se advierte la influencia norteamericana: hay aquel enrejado, celosías de alambre, contra los mosquitos, y el edificio, todo de madera, tiene ese aspecto provisional de las nuevas construcciones de Balboa, a la vera del maravilloso canal de Panamá. La casa, conjunto de casas mejor, es blanca y verde y tiene un gran jardín sobre un suelo asfaltado. En medio una inmensa fontana, al nivel del piso, con muy poco reborde del tazón, de unos veinte metros de diámetro, en cuyas aguas se fingen los naufragios y las tempestades de la películas; al fondo un pabellón de escayola, donde se verifican las tomas de sonido; a la derecha, el *bar*-restaurante, entre una galería de cristales, y el taller donde se comprueban las películas y se yuxtaponen, ensamblan y juntan los trozos de cinta; en todo el derredor, como unos tinglados aduaneros, los *stages, set, plateaux* –así dicen– donde construyen las decoraciones y se toman las películas; a la izquierda, en primer término, las oficinas". Felipe Sassone, "Andanzas cinemática. Mi entrada en Saint Maurice", *Blanco y Negro*, Madrid, 22 de enero de 1933.

En el complejo de Saint-Maurice durante tres años se filmaron a gran velocidad unas trescientas películas, de las cuales la mitad fueron comedias cortas y musicales. Inicialmente tuvieron gran peso las películas destinadas al mercado francés, mediante la convocatoria de escritores, cineastas, actores y músicos provenientes del teatro, las operetas y el music hall. Los directores que trabajaron en la Paramount en Joinville entre otros fueron: Julien Duvivier, Serge de Poligny, Claude Autant-Lara, Marcel Pagnol, L'Herbier, Jean Renoir, Alberto Cavalcanti y Alexander Korda. Actores como Pierre Brassier, Michel Simon, Jean Pierre Aumont. El grueso de los dramaturgos contemporáneos franceses también trabajó allí, incluyendo a Sacha Guitry, a Pierre Benoit, a Paul Colline, a Adrés Dahl y otros. Pero rápidamente estas actividades se ampliaron a otras nacionalidades (Cameron, 2015).

Había dos tipos de producciones. Las llamadas *"versiones"* tomaban directamente las películas llegadas de los estudios de Paramount en Hollywood o en Astoria (Nueva York) de Estados Unidos, traducían su argumento y las filmaban con actores de diversas nacionalidades. Se trataba de un verdadero sistema industrial de producción en masa. Las películas se filmaban en dos semanas y cuando los intérpretes de una nacionalidad terminaban una versión ocupaban inmediatamente los mismos decorados el director y los artistas de otra nacionalidad.

El chileno Adelqui Millar fue el cineasta que dirigió más películas en español, ya que durante 1930 ocupó el cargo de jefe supervisor de las realizaciones de lengua española con la colaboración del actor Jorge Infante. Adaptó así *The letter* (traducida como *La carta*), *The lady lies (Doña Mentiras), The devil's holiday (La fiesta del diablo), The Doctor's secret (El secreto del doctor), Sara and son (Toda una vida)* en 1930 y *Half-way to heaven (Sombras del circo)* en 1931. Con Millar colaboraba también el actor Carlos San Martín, un intérprete colombiano que representaba a Paramount en España y reclutaba a los artistas para las versiones españolas. También estos actores terminaron como directores de las películas de Joinville.

El valor que los norteamericanos otorgaban a los mercados extranjeros era relativo y parcializado. No justificaban una gran inversión en esos casos dado su tamaño y, por consiguiente, los recursos económicos y artísticos destinados a las películas "foráneas" eran mucho menores que los destinados para el consumo local. Pero, además de las adaptaciones, la concentración de recursos humanos y técnicos permitió que se desarrollaran películas con argumentos propios. Éstas llegaron a ser una tercera parte de las producciones totales de Joinville, concentradas en idioma francés, español, sueco y alemán.

El director español Antonio Martínez del Castillo (Florián Rey) había tenido un gran éxito con su película muda *La aldea maldita* que, traducida al francés como *La villaje maudit*, había sido un éxito sensacional, y eso le abrió un gran espacio en Paramount. Sin embargo, en 1962 recordaba con muchas reservas este momento del cine: "Cuando pienso en la aparición prematura del sonoro, recuerdo la frase de Benavente: 'la palabra sólo sirve para disimular el pensamiento'". Respecto a las condiciones de filmación señalaba: "En Joinville, el auténtico director era el jefe de producción. Diariamente acudíamos todos a ver proyección con él, y era él quien, sin posible apelación, decidía si la cosa iba a bien, o si cualquiera de nosotros –el director, el primero– debía hacer sus maletas."

En esta auténtica Babel del cine, el aparente desorden que escondía una alta eficacia desconcertaba a los neófitos en producciones cinematográficas. Seguramente exagerando, el pintor Ricardo Baroja que intervino en una película así lo ha relatado:

> La desorganización de la empresa americana aparece clara y sin tapujos. Allí todo el mundo, sin servir para mucho, sirve para todo. El que fue contratado como pintor de decoraciones, es destinado a la corrección ¡literaria! De las traducciones hechas del inglés a los demás idiomas. Si es técnico en la electricidad aplica a la reproducción del sonido, desempeña el cargo de jefe de jardinería. El bailarín pasa a ser maquillador, el peluquero a cineasta, el electricista tiene que acompañar por París a las empresas extranjeras. Se diría que las gentes más irracionales de Europa y América se han congregado en las orillas de la Marne, para devorar los dólares que los incautos accionistas norteamericanos aportaron.[16]

Sin embargo, para Gardel, que un año antes había sufrido en carne propia la precariedad de las filmaciones de los cortos en Buenos Aires, el contraste con los equipados y grandes estudios de Paramount era notable. Por ello en su estadía en París se mostró vivamente interesado en filmar con la compañía, como lo refleja el artículo publicado en el diario *El Mundo* de Buenos Aires, el 20 de febrero de 1931:

> Carlos Gardel, de paso en París subió la otra tarde en un taxi en la esquina del Café Napolitano.
> –A los estudios Paramount, en Joinville –ordenó al conductor.
> Diez minutos de carrera sobre los grandes bulevares... el Bosque de Vincennes, a pedido y sin hojas bajo el cielo gris de invierno... El Marne, con sus *dancings* junto a la orilla verde... Y, al cabo las primeras casas de Joinville... [...]

---

[16] www.telefónica.net/web/andrescarranquerios/joinville.htm

Gardel pasó al set Español, donde Leo Mittler daba vida a la última película que ha salido de los estudios de Joinville: La incorregible. Allí encontró algunos artistas españoles que han triunfado en Buenos Aires: Enriqueta Serrano, Miguel Ligero... Gardel habló con ellos, les pidió detalles sobre la vida interior del cinema. Parece que a Carlitos le interesa este mundo del ecram. Y no sería raro que, dada la buena disposición del cancionista famoso, resonara pronto en la pantalla esa música perezosa y nostálgica del tango.

Luces de Buenos Aires

La filmación

(Archivo personal de los autores)

El 6 de diciembre de 1930, Gardel había emprendido un nuevo viaje a Francia a bordo del Conte Rosso acompañado por sus músicos. En el mismo trasatlántico viajaban los autores teatrales Luis Bayón Herrera y Manuel Romero que tenían previsto realizar temporadas en Madrid, en Barcelona y en París con la compañía de revistas del teatro Sarmiento de Buenos Aires que los acompañaban. Dirigidos por Bayón Herrera y Romero, encabezaban la compañía como primeras figuras Gloria Guzmán y Sofía Bozán y los primeros actores Alfredo Camiña, Marcos Caplán y Severo Fernández. Gardel aprovechó el viaje para insistirles en que debían filmar una buena película de ambiente argentino. "'Tenemos que hacer punta cuanto antes para realizar una cinta argentina...', les decía Gardel a los dos directores. '¡Disponemos de todos los elementos necesarios para darnos el gusto y no hay que desperdiciar esta oportunidad!'" (Casinelli, 1058)

Finalmente, las gestiones dieron fruto y el 1 de mayo de 1931, Gardel logró ponerle la firma al primer contrato con Paramount. Éste fijaba que la película debía tener una duración de dos horas y el trabajo del cantor no podía exceder los veintiún días hábiles. Una cláusula especial establecía que no podía ser citado a filmar los días jueves, sábados, domingos ni feriados por la tarde mientras durasen las presentaciones de Gardel en el Palace de París, donde actuaba desde abril.

La película se llamó *Luces de Buenos Aires* y fue dirigida por el chileno Adelqui Millar. Este director, nacido el 5 de agosto de 1891 en Concepción, tenía una vastísima experiencia cinematográfica como actor, director y guionista. Como actor, había trabajado intensamente en el cine alemán desde 1916 con la película *Genie tegen geweld*, a la que se sumaron otras diecinueve hasta 1927, una de ellas holandesa. Como director, se había iniciado en 1925 con *The Apache* y llevaba dirigidas siete películas más en Europa y en Estados Unidos –además de haber trabajado como guionista en Alemania–. Como se señaló, Millar tenía gran influencia en los asuntos de habla castellana en Joinville y no estaba muy de acuerdo en incorporar a Gardel como parte del elenco de la película. Prefería a Roberto Rey, el comediante y cantor español que en ese momento era una atracción mayor en el mundo de habla hispana, dado el impacto de sus películas previas. Fue la fuerte insistencia de Manuel Romero la que logró la participación de Gardel (Petit de Murat, U., 1939).

Para concretar la filmación de *Luces de Buenos Aires* confluyeron diversas iniciativas. Como ya señalamos, fue central la presencia de la compañía de revistas del Teatro Sarmiento que pertenecía al también dueño del Cine Teatro Broadway de Buenos Aires, el español Augusto Álvarez,[17] encabezada por Manuel Romero[18] y por Luis Bayón Herrera,[19] y que, tras haber terminado sus actuaciones en

---

[17] Augusto Álvarez exitoso empresario teatral participó en la creación del partido político Gente de Teatro que funcionó en Buenos Aires entre 1926 y 1930. Éste estuvo formado por actores, empresarios, periodistas y autores teatrales; se presentó en las elecciones municipales de la Ciudad de Buenos Aires en 1926 y resultaron electos el famoso actor Florencio Parravicini y Augusto Álvarez, aunque éste no asumió por conflictos internos. La idea de dar forma al partido partió del afamado autor teatral Enrique García Velloso y en 1926 obtuvo el 6% de los votos y quedó en cuarta posición. En la década 1920 se habían constituido unas 20 compañías nacionales que actuaban con gran éxito en los teatros lo que impulsó a varias a intentar expandirse con giras en el exterior.

[18] Manuel Romero, nacido en Buenos Aires el 21 de septiembre de 1891, se inició como periodista en distintos diarios de esta ciudad y luego alcanzó gran repercusión como autor de sainetes interpretados por las principales compañías. Viajó a Europa en 1923 y de allí trajo las ideas para hacer grandes revistas en los teatros de Buenos Aires, lo que llevó adelante con la colaboración de Bayón Herrera e Ivo Pelay. También fue autor de la letra de memorables tangos, como "El taita del arrabal", "Buenos Aires", "Patotero sentimental", "Nubes de humo", "Haragán", "Aquel tapado de armiño", "Tiempos viejos", "El rey del cabaret", "La muchacha del circo" y "La canción de Buenos Aires", grabados por Gardel. Después de la experiencia de asistir a la filmación de esta película en Francia, se convirtió en un importante director cinematográfico en la Argentina. Murió el 3 de octubre de 1954.

[19] Luis Bayón Herrera era poeta, autor teatral y director de cine. Como compositor de tangos escribió las letras de "El taita del arrabal" (segunda versión) y "Un tropezón", grabados por Gardel. Su relación con el cantor se fortaleció cuando en 1915 el dúo Gardel-Razzano participó en la representación de la adaptación que éste hizo de *Santos Vega* para la compañía de Elías Alippi y José González.

el teatro Zarzuela de Madrid, se había trasladado a París para actuar desde febrero de 1931 en el Palace, como la Revue Argentine de Buenos Aires, con elogiosos comentarios de la crítica especializada. Gran impacto provocaban las integrantes del llamado "bataclán" criollo. Las llamadas "bataclanas" eran bailarinas jóvenes y bellas que fueron captadas por Paramount para filmar *Un caballero de frac*, dirigidas por Adelqui Millar y con Gloria Guzmán y Roberto Rey como intérpretes centrales. Integraban el elenco de bailarinas Gennys Green, Esther Torday, Aurelia Padrón, Anita Orquín, María Luisa Quiroga, Felisa Bonorino, Haydée Bozán, Victoria Rubín y María Esther Gamas.[20]

Romero y Herrera recibieron instrucciones de Álvarez de apoyar la realización de una película que incluyera a Gardel.[21] Con esta idea, plantearon a Paramount hacerse cargo del desarrollo del libreto cinematográfico, de las canciones y de la participación de los artistas de la compañía –entre ellas, las *vedettes* Gloria Guzmán y Sofía Bozán y el actor Pedro Quartucci–. Paramount, a través de su jefe de producción Arnau, exigió medio millón de francos para cubrir una parte de los gastos de filmación. Cadícamo (1991) recuerda que el pedido se resolvió apelando a Sadie Baron Wakefield.[22] Por otra parte, una información genérica sobre quiénes financiaban las películas de Gardel en Joinville la proporciona Terig Tucci, quien señala

---

[20] Néstor, "El bataclán criollo conquista la pantalla". *Revista El Hogar*, año XXVII, N.° 1132, 1931.
[21] Según Cadícamo, ya al embarcar en Buenos Aires tenían previsto realizar una película con Gardel en Francia.
[22] Sadie Baron nació en Baltimore, Estados Unidos, el 19 de junio de 1879. Su padre era Bernhard Baron que dirigió en Inglaterra la compañía tabacalera Carreras (una de sus marcas más conocidas era Craven A). Sadie se casó con George Wakefield un poderoso industrial norteamericano. Gardel conoció al matrimonio en la Costa Azul en 1929 y en 1931 su amistad era muy sólida. Algunas versiones señalan que mantenía una relación íntima con la mujer. Lo cierto es que recibió numerosos apoyos de la pareja. Según ha relatado el periodista Edmundo Guibourg, como la fortuna de Sadie provenía de la fábrica de cigarrillos,

que habrían sido las mismas personas que más adelante impulsaron sus films en los Estados Unidos (Tucci, 1969: 8). Y en este sentido, el testimonio de Battistella, uno de sus colaboradores musicales, amplía el dato: "Carlos tenía casi decidido un negocio de filmación por cuenta de dos financistas judíos" (Battistella y Le Pera, 1937: 53). La versión bien podría confirmar lo dicho por Cadícamo, dado que Sadie Baron era de ese origen.

Lo concreto es que el film se realizó en mayo de 1931, durante 19 días, y tenía 85 minutos de duración. La película contó con un argumento elaborado por Manuel Romero y por Luis Bayón Herrera.

Precisamente, buena parte de los actores argentinos provenían de la compañía organizada por ellos. La excepción más importante era Vicente Padula, quien tenía una incipiente carrera cinematográfica en Estados Unidos, donde en 1927 había filmado *Winds of the pampas* bajo la dirección de Arthur Varney, *Hunger* (1929, Olympio Guillerme), *Charros, gauchos y manolas* (1930, Xavier Cugat) y *Gente alegre* (1930, Eduardo Venturini). Paramount, de la que era empleado, lo envió en 1931 a Joinville a trabajar en la película de Gardel. El fotógrafo sería el estadounidense Ted Pahle –quien luego trabajó en la Alemania nazi y, posteriormente, hizo una prolongada carrera en el cine español–, y como asesor musical fue contratado Josep Sentís, pianista catalán.

Cadícamo le puso de apodo "Madame Chesterfield" que era una marca muy difundida en la Argentina, chascarrillo que fue el origen de numerosas confusiones sobre su identidad.

Julio de Caro y su orquesta en la época del rodaje
(Archivo personal de los autores)

El uruguayo Gerardo Matos Rodríguez, el autor de "La cumparsita", se encontraba radicado en París por entonces, desempeñándose en tareas diplomáticas en el Consulado de su país. Ello facilitó que se lo contratara para elaborar la música. Se pensaba que Manuel Pizarro y su orquesta se hicieran cargo de la interpretación, pero no se llegó a un acuerdo económico y finalmente fue contratada la orquesta de Julio de Caro, que había llegado desde Italia. Éste relató su vinculación con el proyecto:

> Romero me presentó al anónimo señor, quien resultó nada menos que Arnau, el empresario artístico, teatral y productor con el sello Paramount de la película *Luces de Buenos Aires*, entonces

> rodándose en los estudios de Joinville [...], pero ahí estaban varados, faltándoles otro elemento muy primordial para completar la película: orquestación adecuada para su música de fondo; y viendo los amigos en mí el "Maná" que del cielo les llegaba para su cometido, me designaron por unánime acuerdo, negándome en principio, deseando disfrutar los pocos días previos al debut...
> Entonces habló Carlos, por boca de todos:
> –Mirá, hermano, vos no podés largarnos parados en esta emergencia; sé que no lo harás, porque te conozco demasiado...
> –Bueno –respondí, resignado–, el hombre propone y Dios hace el resto...
> –Señor Arnau, ¿qué debo hacer?...
> –Toda la música, *leitmotiv*, acompañar con su orquesta a Carlos y a la Bozán; luego, en la película, entrará música regional, y en su manos, zambas, estilos y chacareras; naturalmente, usted pondrá su precio –que pedí de inmediato: 50.000 francos adelantados y 150.000 al finalizar la película, comenzando mi parte al siguiente día y, también, rebajando espontáneamente 50.000 francos–. El resultado del febril trabajo, dada su premura en escribirlo (total: tres días), sin dormir y de continuo, el lector lo habrá juzgado, ya que grabado está en la cinta sonora y por demás conocida (De Caro, 1964: 87-88).

Unos meses después, De Caro fue entrevistado en Buenos Aires por *La Nación*, y al referirse a su participación en el film señaló:

> Creo que será una gran película. Cuando se exhiba en esta capital se convencerán de la posibilidad de realizarlas con artistas criollos. Están magistrales los intérpretes.
> –¿Y su colaboración?
> –En uno de los cuadros ejecutamos un *pot-pourri* de aires nacionales, ilustrados por parejas de bailarines, "Chacarera", "Escondido", "Cuándo", tango ranchera y otras composiciones. Es un film destinado a un gran éxito en España y en todos los países de habla castellana (De Caro, 1964: 385-386).

Matos Rodríguez compuso para el film el vals "El rosal" en colaboración con Manuel Romero, y Gardel lo cantó acompañado por sus guitarristas Barbieri y Riverol.

El cantor también pondría música a la letra compuesta por Romero para elaborar el tango "Tomo y obligo", en el que lo secundaron Julio de Caro (director-violín corneta), su hermano Francisco al piano y Emilio al violín, Pedro Blanco Acosta (Pedro Laurenz) en bandoneón, Enrique Kraus (violoncello) y Josep Sentís (F. Tereuel) en piano. Éstas fueron sus dos únicas interpretaciones en el film. Su papel actoral también fue limitado: en la película Gardel aparece, incluidas las canciones, veinte minutos de los ochenta y cinco totales; es decir, en poco menos de una cuarta parte del film.

La película –una comedia de enredos ambientada en Buenos Aires y en el campo, recreado como una estancia pampeana, aunque en realidad se rodó en Evreux, Saint-Maurice y Joinville-le-Pont– se apoyó en el desempeño de algunos buenos artistas, entre los que nítidamente se destacó Gloria Guzmán. Tanto el libreto como la dirección lograron un producto eficaz en función de los objetivos planteados.

El hecho de que Gardel cantara sólo dos canciones, al igual que Sofía Bozán y Pedro Quartucci, mientras que Gloria Guzmán interpretaba una, nos indica que Gardel aún no era para Paramount una estrella indiscutida, aunque de todos modos recibió 166.671 francos por su trabajo en el film (más que los percibidos por Julio de Caro con toda su orquesta). La película fue realizada como parte de un acuerdo global en el que confluyeron diversos intereses y protagonistas, lo que se reflejó en el contenido del film y en el peso relativo de los intérpretes. Para decirlo claramente: no fue una película de Carlos Gardel como protagonista excluyente sino una empresa colectiva. No quedó así registrado en la memoria histórica sobre la película porque la repercusión posterior de Gardel opacaría a sus colegas.

Por otro lado, fue muy importante para consolidar el proceso de introducción del cantor en el mundo cinematográfico mundial el hecho de estar rodeado de compatriotas y amigos, con actores y actrices de sólida experiencia teatral. Al ser entrevistado en 1933, Gardel recordó con placer esos momentos. Ante la pregunta de si había sentido alguna emoción al filmar, respondió:

> En la primera vez, sí; pero luego me acostumbré y ya me parecía estar en mi casa. Además me encontraba rodeado de mis buenos amigos y amigas de la Compañía de Revistas Argentinas, que trabajó también en dicha película. ¡Eso no era trabajar!... ¡Era estar en familia! (Del Greco, 1990, 61-62).

El argumento era el siguiente: en una noche de tormenta el coche descapotable de un empresario teatral, que viajaba con su esposa, un secretario y el chofer, se empantana cerca de una estancia de la región pampeana argentina, donde se refugian. Allí escuchan cantar al dueño de la estancia Anselmo Torres (Gardel) y a su novia, Elvira del Solar (Sofía Bozán), y le ofrecen un contrato para actuar en una revista porteña. Elvira, inducida por su hermana Rosita (Gloria Guzmán), acepta a pesar del disgusto de Anselmo. Las muchachas toman el tren en la estación Tres Lomas, localidad del noroeste bonaerense.

Al llegar a Buenos Aires a través del puente Avellaneda llegan a la Estación Constitución a donde arribaban los ramales de ferrocarril del oeste. El empresario teatral (Carlos Martínez Baena) lleva a las chicas a su alojamiento, en el Hotel Argentino, y luego al Tabarís (teatro de revistas de Avenida Corrientes y Suipacha).[23]

---

[23] Véase el artículo de Marcelo Martínez en que identifica estas ubicaciones de las escenas que transcurren supuestamente en la ciudad de Buenos Aires y para las que se utilizó material fílmico sobre ella. Martínez, 2015.

Mientras tanto en la pulpería del pueblo, Anselmo lee en el diario que su novia debutará en El Dorado. Anselmo viaja a Buenos Aires; sin previo aviso se presenta en el teatro antes de la función y su novia le recibe con indiferencia y corta la relación.

Al finalizar el show, toda la plantilla se da cita para festejar el éxito obtenido en la residencia del millonario Villamil (José Agüeras). Allí Elvira participa en una fiesta de ribetes orgiásticos y cuando Anselmo irrumpe en el lugar la encuentra en paños menores y regada con champagne. Anselmo abofetea a Villamil y cuando sus secuaces se preparan para vengar a su jefe, Pablo Soler (Pedro Quartucci), miembro de la compañía, sale en su defensa y logra sacarle de allí, a punta de pistola. Caminan juntos, sin rumbo, y llegan a la cantina El Cocodrilo. Entre caña y caña, el amante despechado interpretará el tango "Tomo y obligo".

Finalmente, dos peones de la estancia arriban a la metrópolis y se encargan de secuestrar a Elvira: la enlazan desde los palcos que dan al escenario y así la regresan a la estancia, donde se reencuentra con Anselmo. La película tiene el consabido final feliz con beso y música de fondo de "El rosal".

Análisis

Como dijimos, era una comedia liviana, que permitía la intercalación de numerosos números musicales y artísticos. En "Canto por no llorar", Sofía Bozán fue acompañada por la orquesta de Julio De Caro con un precario coro de fondo.[24] Se lucen notables zapateadores de malambo, como el famoso Espeche, y se baila

---

[24] Luis Mandarino, que presenció la filmación, relata que mientras Sofía Bozán grababa el tango "Canto por no llorar", Gardel se puso a fumar un Partagás. El humo era intenso y tan fuerte que asfixiaba a los presentes.

tango, siempre con la interpretación de la orquesta de De Caro. Es también una buena imagen del peso relativo que un cantor como Gardel podía tener en el conjunto de una compañía de varieté argentina: importante éxito en su rol de cantor, pero un espacio claramente limitado en relación con el conjunto.

La película muestra las limitaciones de Adelqui Millar como director. Si bien no disponía de mucho tiempo para filmar y la historia tenía grandes debilidades conceptuales, sobre todo la confusa definición del personaje de Elvira, es evidente que su inventiva visual en la edición y en la selección de planos era escasa. Por otra parte, la presencia de toda la compañía de Revistas del Teatro Sarmiento dispersaba la atención en numerosos y desparejos artistas. Una grata revelación fue la actuación de Gloria Guzmán con dotes innatas para la comedia y a la que Gardel destacaría siempre por sobre sus compañeros.[25]

"Sofía le dijo: '¡Pero ché! ¿qué fumás, un partagás o una bomba?' Gardel sonrió y respondió: 'Negra... ¿no ves que es un "partagás de cantina?"'. *Revista Radiofilm*, s/f.

[25] Otro romance de esos años que se le atribuye a Gardel fue con la artista Gloria Guzmán, su coprotagonista en *Luces de Buenos Aires*. "Realmente era bella –afirmaba Dante Gallo, quien la conoció por intermedio del cantor–, hermosa y graciosa. Pareciera que tenía de todo aquello que los hombres españoles, dicen: 'Las sardinitas cuanto más chiquititas, más sabrositas'.
Por algo a Carlos Gardel, cuando hablaba o se refería a ella, sus ojos se le encendían aún más. Por algo también, cuando finalizaba la audición de la Radio donde actuaba y se despedía de sus amigos, le decía a su chofer [...]: 'Llévame al Maipo' [...].
Y, por último, por algo le mandó a Gloria algunas flores, por mi intermedio, en horas de ensayo... ¿Carlos Gardel estaba enamorado de Gloria Guzmán?... No puedo afirmarlo, pero que tenía una enorme simpatía por ella, sí la tenía y en gran manera". (Gallo, 1986: 30-31).
El periodista Osvaldo Sosa Cordero, director de la revista *La Canción Moderna* y otras publicaciones, recordará también haberse encontrado con Gardel y comentar el estreno de su película *Luces de Buenos Aires*, en la que compartía cartel con Sofía Bozán y Gloria Guzmán: "En su comentario, Gardel desaprobaba el orden de importancia en la cartelera, que

En una entrevista realizada en Buenos Aires, Gardel dirá sobre su participación:

> Me entusiasmaba el film y eso que tenía que trabajar para la película después de la filmación. Imagínese, che, que empezábamos a filmar a la una de la mañana y terminábamos a las siete. ¡Eso sí, después de dormir, nada de farra! La mayoría de nosotros no había actuado en películas de responsabilidad y, sin embargo, muy pocas veces tuvimos que repetir las escenas. El director, Adelqui Millar, asistido por su ayudante impartía las órdenes que eran cumplidas por nosotros como veteranos.-¿La técnica de Joinville difiere de la norteamericana?-En lo que respecta a la película *Luces de Buenos Aires*, sí, es más adecuada al temperamento latino. En ella se hace más cinema; no se abusa de diálogos, porque eso debe dejarse, según sus directores, para el teatro. Yo comparto esa teoría, creo que algunas canciones y una música adaptada, es lo más adecuado para ese espectáculo, que debe tener necesariamente su técnica propia, diferente a la del teatro, porque la música tiene que sustituir al lenguaje. Eso a mi juicio, el secreto del film.-¿La dirección?-Muy buena; pero cuenta con pocos elementos para hacer películas hispano-parlantes que puedan satisfacer el mercado sudamericano...-¿Anécdotas?-Muchas y sabrosas... algunas tristes. La pobre Sofía, en una escena en que debo tirarla por una escalera, cayó con tan mala suerte que falló el truco y la caída fue real. Quedó sin sentido por efecto del golpe. Con todo, una vez vuelta en sí continuó valientemente su labor y la película ganó en realidad. ¡La gauchita muy guapa![26] En esa misma escena debía darle un golpe de puño

---

concedía lugar destacado, después de él, a Sofía Bozán, cuando, según su criterio, el mejor y más importante desempeño femenino en la película correspondía a Gloria Guzmán, a quien alababa sin cortapisas". (Sosa Cordero, 1963).

[26] María Esther Gamas, una de las "bataclanas" que trabajaron en la película, relató en forma diferente esta situación: "Me acuerdo de una escena en la que él debía darle un empujón a Sofía Bozán, que era su novia en la película. Al director no le gustaba como salía y decía: *Más fuerte, más fuerte...* Bueno, Carlos la empujó y Sofía cayó mal y se lastimó. Carlos estaba tan afligido, quería dejar la filmación. Creo que sufrió más él que la Negra". También señalaría "Durante la filmación, el estudio puso a nuestra dispo-

a Kuindós, artista español que trabajaba con nosotros. Antes de hacer la escena, me había advertido que moderara el puñetazo. "Puede uztez", me decía, "hazerme zaltar el puentezito de plata que tengo en la boca". Ya pueden imaginarse la risa que nos causaría esta advertencia. ¡A nosotros, tan criollos y despreocupados! Al final se me fue la mano, pero sin quererlo.–¿Piensa filmar en Hollywood?–En efecto. He recibido propuestas durante mi estada en París. Mi tocayo Chaplin demostrando un gran interés por mi persona fue el que me hizo la más ventajosa. Temiendo ser indiscreto no puedo explayarme sobre este particular como quisiera, por no pertenecerme todo el secreto del asunto. Carlitos es uno de mis mejores amigos (Sánchez, C., 1931).

---

sición a un muchacho muy simpático y elegante. Sabía hablar francés y castellano. ¿Sabés quién era? Daniel Tinayre... ¿Gardel? Sí, claro... Mirá llegaba Carlos al estudio y ahí se armaba el gran revuelo. Todas las chicas dejaban lo que estaban haciendo y se le iban encima, lo arrinconaban... y él era feliz. Les contaba chistes, chacoteaba con todas... era un ambiente de jarana. Todo era una fiesta. El venía siempre en un coche fantástico, que decían le había regalado una señora... pero a veces venía la señora también. Ahí se cortaba la broma. Todo el mundo serio y a trabajar. Era una señora mayor que él. Lo tenía, parece, bastante acaparado. Muy bonita de cara, pero bastante excedida de peso". Entrevista a María Esther Gamas, realizada por Enrique F. Espina Rawson, *Revista La Nación*, 1999.

Gardel y Chaplin: encuentro en Niza

"*Ayer me han presentado a Charlie Chaplin; es un hombre bajito, muy simpático, y es casi completamente igual al 'Charlot' que nos hacía reír hasta hace poco en el cine de la calle Anchorena*". Carta de Gardel a su madre.
(Archivo personal de los autores)

Efectivamente Gardel había entablado una relación con Charles Chaplin. La cronista cinematográfica Regista Crewe, del *New York American*, entrevistó al director y actor inglés en junio de 1935 en Hollywood, quien dijo al respecto:

> Conocí al gran cantante en Niza hace más o menos cuatro años... sí, cuatro años. Fue en marzo del año 1931. Encontrándome en el Palais de la Mediterranée. Un amigo común nos puso en comunicación. Otros rioplatenses se encontraban también allí, creo que la orquesta de Julio de Caro. En una reunión íntima, Gardel comenzó a cantar y me impresionó hondamente. Tenía un don superior al de su voz y su figura, tenía una enorme simpatía personal que le ganaba de inmediato el afecto de todos. Tan honda

era la simpatía que me inspiraba que recuerdo perfectamente bien que llegamos hasta las primeras luces de la madrugada, en una noche de alegría que difícilmente vuelva a repetirse. [...] Pronostiqué a Gardel un triunfo categórico y le aconsejé que se dedicara al cine. Me informó que había hecho alguna tentativa y no estaba satisfecho de los resultados que su figura había producido en la pantalla. "Con todo –me dijo– voy a intentar de nuevo. Tengo una proposición de la Paramount para filmar en Joinville y voy a hacer la prueba". Supe después del éxito que había logrado en su primera producción seria.

Una versión algo distinta da Gardel, en una carta dirigida a su madre, le dice: "Me vino a saludar al hotel, y le canté varias canciones. Se emocionó mucho cuando le tradujeron los versos de Betinotti, 'Pobre mi madre querida'. Tal vez se dio cuenta que esos versos me salían de lo más hondo del corazón, recordándola a usted" (Del Greco, 1990: 50).

Chaplin se relacionó con Gardel cuando vivía uno de sus momentos más esplendorosos. El 21 de enero de 1931 había asistido al estreno de *Luces de la ciudad* en Nueva York, para luego embarcarse en el *Mauritania* rumbo a Europa. El 19 de febrero llegó a Londres y fue recibido y agasajado por las principales figuras de la política y el arte. Allí asiste al estreno de su último film –rodeado por lady Astor, la primera mujer diputada de Inglaterra, y Bernard Shaw–, que obtiene un éxito clamoroso, y a continuación se traslada a Berlín y a Viena, para llegar el 22 de marzo a París, donde lo esperaba una multitud en la estación de ferrocarril.

Luego de múltiples agasajos, agotado, Chaplin huyó a la Costa Azul donde tenía un amigo, Frank Jay Gould. Chaplin pudo descansar y encontrarse con su hermano Sydney y su mujer, que vivían en Niza. Para atender sus asuntos en diversos países, Chaplin necesitó una secretaria que dominara varios idiomas. Comenzó entonces a trabajar con él May Reeves, una bellísima húngara que hablaba seis idiomas y que rápidamente pasó a ser su amante.

En una recepción que la distinguida Sadie Wakefield organizó en su honor, conoció a Gardel. May Reeves describió el encuentro:

> Había unos cuarenta invitados... Chaplin estaba en muy buena forma. Un cantor argentino, acompañado por un guitarrista, cantó en su honor, mientras Chaplin, instalándose detrás del bar, se llevaba a la boca una enorme botella de coñac y cortaba una torta gigantesca con un cuchillo descomunal (Reeves, 1935: 156).

La repercusión

Lejos de captar el estilo superficial como comedia de *Luces de Buenos Aires*, algún cronista de época, aun sin haber visto la película, con sólo la lectura del argumento que distribuía Paramount anticipadamente se escandalizaba de la imagen negativa que podían generar ciertas escenas sobre la Argentina en el público de otros países. Así, en el diario *El Mundo* del 13 de julio de 1931, el crítico Néstor,[27] que había embarcado en 1930 con la compañía del teatro Sarmiento hacia Europa, señalaba:

> Damos hoy como interesante primicia el argumento de la película *Luces de Buenos Aires*, que acaba de ser filmada en los estudios de la Paramount de Joinville... Por el asunto, cuya versión recibimos directamente de Joinville, la película no parece mala. Tiene sabor a cosa nuestra. Y que ha de resultar seguramente, mucho más nuestra porque sus intérpretes, siendo argentinos, habrán podido sentirla sinceramente y reflejarla con fidelidad. Lástima, sin embargo, que haya en ella un detalle que, por la importancia que adquiere dentro del film, como por la trascendencia que le

---

27   Néstor era el seudónimo de Miguel Paulino Tato que se haría tristemente célebre como el brutal censor de las películas durante la dictadura militar argentina de 1976 a 1983.

da su falsedad, deja de ser un mero detalle para convertirse en una falla intolerable. Me refiero al efecto con que el Sr. Romero epiloga "delicadamente" el film, en una exquisita escena con que el protagonista rapta a su dama en un teatro lleno de público. "Cazándola" desde un palco al escenario, a "lazo", lo mismo que si fuera una ternerita o un potrillo.
Si eso nos atribuye un señor que es argentino (aunque hay que considerar que es del "teatro argentino"...), ¿qué derecho tenemos a protestar contra los extranjeros que nos imaginan con las cataduras y modalidades más fantásticas, pintorescas y ridículas? Francamente, ya es hora de que la gente sepa por ahí que los argentinos somos como somos... y no, que nos sigan creyendo esos bichos raros que ha forjado y difundido la fantasía de ciertas personas supersticiosas y noveleras... Ya es hora que desaparezca ese tipo de "argentino" que es puro cuchillo, botas mosqueteras, sombrero de *cow-boy*, de chulo o de charro mexicano, aros en las orejas... ¡Y qué sé yo cuántas otras cosas raras! Que sería el único capaz de enlazar a una mujer en un teatro... Pero en verdad, pocas esperanzas quedan de que la gente rectifique el concepto, si los de casa son los que empiezan por retratarnos salvajes como nos muestra el Sr. Romero en *Luces de Buenos Aires*.

La película se estrenó en la Argentina el 23 de septiembre de 1931 en el Cine Capitol de Buenos Aires con una difusión considerable.[28] En un aviso de media página en la sección correspondiente a "Teatros y Cinematógrafos" del diario *La Nación* del 23 de septiembre se anunciaba el estreno de "la primera producción netamente argentina realizada por la Paramount en sus estudios de Joinville". Paralelamente, Gardel se presentaba en el cine-teatro Broadway, cuyo dueño había financiado parte de la película. Desde el 2 de octubre, también con una gran

---

[28] Poco tiempo antes se habían estrenado los cortos filmados el año anterior: se habían exhibido primero en el cine Astral de la calle Corrientes, con buena respuesta de público. Dichos cortos serían proyectados por los cines de Buenos Aires durante largas temporadas y ya marcaban la gran distancia entre Gardel y el resto de los cantantes locales que no podían utilizar todavía este medio de difusión.

propaganda de media página, *Luces de Buenos Aires* pasó al cine Suipacha; entre el 15 de octubre y el 3 de noviembre se proyectó en el Metropol; desde el 29 de octubre en The American Palace y, luego, en los cines de barrio y del interior durante varios meses. En Uruguay se estrenó el 2 de octubre de 1931 en los cines Ariel y Rex Theatre de Montevideo; el 30 de octubre de 1931 en el Paramount Theatre de Los Ángeles, California, y el 21 de noviembre de 1932 en el Teatro San José de Nueva York en Estados Unidos; el 12 de octubre de 1931 en el Cine-Teatro Coliseum de Barcelona y el 23 de noviembre de 1931 en el Cine-Teatro Ralto de Madrid, de España; el 6 de diciembre de 1931 en el Cinema Casino de Helsinki, Finlandia, y el 4 de abril de 1932 en Lisboa, Portugal. En España tuvo particular repercusión. En febrero de 1932 había pasado al cine Bilbao de Madrid con la sala totalmente llena. En marzo de ese año seguía en el cine Latina de esa ciudad que destacaba en su aviso: "Cine sonoro. Hablada y cantada en castellano por Carlos Gardel. Nueva instalación Super Model Prpheo Sincronic los más perfectos aparatos del cine parlante". Seguiría exhibiéndose con "formidable éxito" en los cines Cinemax (Noviciado), Tivol y otros durante todo el año 1932. (Diario ABC de Madrid, hemeroteca).

Los comentarios fueron favorables. *La Nación* del 24 de septiembre señalaba:

> El elogio de *Luces de Buenos Aires* puede hacerse sin ninguna complacencia nacionalista. Se trata, en efecto, de una de las mejores comedias musicales que el cinematógrafo sonoro ha realizado, de acuerdo con el modelo de *La melodía de Broadway*. Es ágil, atrayente, y en ningún momento deja que decaiga el interés. Tiene además el mérito de que, a pesar de haberse realizado en los talleres que la Paramount posee en París, el ambiente de nuestro país ha sido reflejado fielmente, sin que ningún anacronismo pueda advertirse en las visiones del campo o de la ciudad. [...] El débil argumento de *Luces de Buenos*

Aires jamás hubiera conseguido interesar sin la inteligente dirección de Adelqui Millar, pero sobre todo sin la actuación eficaz y atrayente de todos los intérpretes; sin la gracia de Gloria Guzmán, sin la desenvoltura criolla de Sofía Bozán y sus expresivas canciones, sin la interpretación sobria de Carlos Gardel y sus tangos brillantemente modulados; sin la simpática naturalidad de Pedro Quartucci, sin los admirables zapateadores y los bailes y cantos nacionales que animan el interesante desarrollo de esta producción.

Y cabe señalar aquí una circunstancia muy curiosa. Desde tiempo atrás la crítica y el público vienen formulando legítimas protestas contra la mala calidad de las películas habladas en español; muy contadas, en efecto, han sido las que ofrecían motivos de atracción. Pero he aquí que se hace una película con intérpretes de Buenos Aires, y que éstos tienen todas las cualidades cuya ausencia veníamos lamentando.

También el diario *Jornada* se expresó en términos muy elogiosos:

> En primer término, la actuación de Carlos Gardel es buena en todo sentido, y encarna el personaje de más afecto sentimental en la obra. Estaría de más ponderar sus canciones, que, como siempre, son únicas. Gardel tiene, además, cuando habla, una voz excelente en su claridad y en su expresión. Quizá su figura se preste, por el momento, para un limitado personaje, pero lo cierto es que esta vez ha salvado lo suyo con entera gallardía.
>
> Gloria Guzmán llena la escena con sus gracias y su completo dominio de las situaciones, doblemente apreciable esta vez por estar en su ambiente teatral. Gloria Guzmán y Carlos Gardel son los héroes de esta obra, que se anima directamente por su actuación. Y el trabajo de los argentinos supera con larguísima ventaja el de los extranjeros, síntoma de una capacidad que la experiencia puede perfeccionar hasta un límite insospechado (Diario *Jornada*, 1931).

Aún el crítico Néstor de *El Mundo* que con sólo el argumento había anticipado comentarios descalificadores, ante su estreno ponderó la ejecución de la orquesta de Julio de Caro y las canciones nativas y los tangos que cantaron Gardel y Sofía Bozán: "son las notas de argentinismo legítimo y auténtico las que salvan el interés de *Luces de Buenos Aires'* como la música, las canciones, los bailes y hasta las expresiones y los diálogos de sus personajes en nuestra lengua típica.

Fue relevante la repercusión de la interpretación de Gardel con el tango "Tomo y obligo", escena ambientada en un bar de marineros de La Boca, denominado "El cocodrilo". El artista mostraba toda su capacidad, como intérprete y como compositor, combinando el despecho machista por el abandono de la mujer con el dolor incontenible de la pérdida: aparece en toda su dimensión el cantor-actor. Los versos interpretados quedarían marcados como un hito en la historia del tango: "Tomo y obligo, mándese un trago,/ que hoy necesito el recuerdo matar;/ sin un amigo, lejos del pago,/ quiero en su pecho mi pena volcar...". Así lo consagraron los públicos de Latinoamérica, España y la zona de hispanoparlantes de Nueva York. Las crónicas de todos los países congelaron la misma imagen, y después de la interpretación de "Tomo y obligo" el público asistente interrumpía las proyecciones y lograba que la película se detuviera, rebobinara y proyectara nuevamente.

El escritor ecuatoriano Ricardo Descalzi, al referirse al ingreso del tango a Quito a través de los discos en la década de 1920, recuerda:

> Fue en ese momento cuando nos impresionó la voz y la figura de Carlos Gardel en su primera película: *Luces de Buenos Aires*, con tal impacto en el ambiente que de inmediato lo empezamos a admirar y querer. Esta película nos trajo "Tomo y obligo", que el público asistente a los cines aplaudía con tal vehemencia que el operador se veía obligado a detener la proyección para reprisarla dos o tres veces. También nos trajo la ranchera "Al pie de un rosal florido" ["El rosal"] y otras canciones inolvidables. Desde entonces, el anuncio de una película de Carlos Gardel abarrotaba las salas transformándose en el ídolo del tango (Descalzi, 1990: 29).

En su boletín, Paramount informaba que en un cine de Guatemala la película se había exhibido tres veces por semana durante trece semanas, y una vez por semana durante un año entero, y que en 1934 aún se proyectaba regularmente (Collier, 1988: 159). Cadícamo indica que en el cine Monumental de Buenos Aires, donde se estrenó la película, el público también obligaba a interrumpir la proyección y a repetir "Tomo y obligo" (Cadícamo, 1988: 132).

Un proceso similar se viviría en Estados Unidos. El estreno de la película en el Teatro San José de la barriada hispana de Nueva York, a fines de 1932, provocó una gran conmoción. Terig Tucci, que secundaría a Gardel musicalmente desde 1934 en esa ciudad, nos cuenta:

> El enorme éxito de esta película sobrepasó todo lo que se había presentado hasta entonces en el cine hispano de la ciudad. El entusiasmo del público es punto menos que imposible de describir. La sala estaba siempre repleta, a todas horas del día y de la noche; nunca una butaca desocupada, gente parada en los pasillos y en el vestíbulo. Un espectáculo para regocijar el corazón del más ávido empresario... La noche del estreno nos encontrábamos sentados en la platea del teatro. Llegaba la escena en que Gardel canta el tango "Tomo y obligo". Hasta entonces no se había presentado nada similar en una sala de espectáculos. El auditorio, electrizado por la soberbia interpretación de Gardel, aplaudía a rabiar. El público insistía en que se repitiera el número. La ovación, o mejor dicho el bochinche, duró más de quince minutos. Cuando se hizo evidente que la petición del público era una exigencia, la empresa no tuvo más recurso que rodar atrás la película y repetir la canción (Tucci, 1969: 22).

Gardel se enteraría más adelante de que ese fenómeno se repitió también en otros lugares, como en Madrid, donde la película se pasó durante tres meses consecutivos y todas las noches hubo que exhibir el cartel de "No hay más localidades". Cada noche fue necesario que los operadores volvieran atrás la película para repetir la escena con el tango en cuestión (Peluso Visconti, 1991: 179).

Entrevistado a fines de 1932, al preguntársele si traía algún recuerdo especial de su gira por Europa, Gardel señalaba:

> Sí, tengo uno que aun cuando yo no haya sido testigo de ello, confieso que el relato me impresionó grandemente. Al pasar por Barcelona, algunos amigos fueron a bordo a saludarme y me lo contaron. Se trata del cariño con que el público de Barcelona recibió la exhibición de *Luces de Buenos Aires*, y que culminó en una manifestación entusiasta cuando yo termino de cantar el tango "Tomo y obligo", que el público, aplaudiendo frenéticamente –según me contaron–, obligó a interrumpir la exhibición haciendo que se volviera a pasar la película en la parte que contiene el tango (Morena, 1990: 147).

Por todo ello, resulta muy sugestiva la anécdota relatada por el actor Vicente Padula al periodista Horacio Estol:

> Aquella escena famosa en la que Carlos canta "Tomo y obligo"... ¡Si usted supiera cómo se hizo! Al comenzar un día de filmación resultó que faltaban unos decorados y no se podía cumplir con el plan proyectado. Para no perder tiempo, el director propuso hacer la otra escena, ésa en que Gardel canta el tango...
> –No, hoy no... –protestó él.
> –Pero es que ganamos tiempo...
> –No, no no... quiero ensayar más. No voy a largarme así, a poncho...
> Que sí y que no, la cosa fue que Carlitos se puso de un humor de todos los diablos. Al final, Adelqui Millar se salió con la suya, so pretexto de que si no salía bien... En fin, un lance... Y se filmó la escena. Al otro día, Gardel estaba con Padula cuando le avisaron:
> –Van a proyectar la escena de ayer, la de la cantina... Si quiere verla, Gardel... Gardel rezongó:
> –No... ¡qué voy a ver!
> –Pero, vamos... –le dijo Padula.
> –¡Salí!... Canté con una bronca. Andá vos si querés...

Padula vio la proyección. Y vio lo que hemos visto todos, ustedes se acuerdan. Cuando volvió junto a Gardel le dijo:
–¡Salió macanuda, Carlos...! Estás...
–A vos te trabajaron para conformarme.
–Te digo que no. La bronca que tenías le da fuerza al tango...
(Barcia *et al.*, 1991: 225)

Luis Mandarino relata otra anécdota vinculada con este pasaje de la filmación. Como Pedro Laurenz, el bandoneonista de Julio de Caro que acompañaba esta secuencia, aparecía con grandes bigotes y un barbijo, Gardel le silbó algunos compases y le pidió a Laurenz que le hiciera con el bandoneón un firulete con base a los mismos. Y le dijo:

> ¿Te imaginás, Pedrito cuando te vean los muchachos en los cines de la calle Corrientes con esos terribles mostacholes? –No me van a conocer –dijo Laurenz. –¿Qué no? ¿Y para qué te hago hacer este firulete con el fueye? ¡Si con el "arrugao" en tus manos sos inconfundible! Los "chochamus" dirán: ése es Pedrito Laurenz, el fenómeno, el mago de siempre cuando mueve los dátiles. Vos sos pura uva y... sensa grupo, viejo....

Se iniciaba de esta manera, en el nivel internacional, un movimiento irresistible que las sucesivas películas expandirían. En adelante, la notable voz que algunos ya conocían a través de los discos se asociaba a la presencia del galán-cantor que se consolidaba. En la película, Gardel ya aparecía con muchos kilos menos que en los cortos filmados en 1930 en Buenos Aires, aunque todavía tenía un exceso de peso que se intenta disimular con trajes de chalecos sueltos y bombachas camperas de amplia faja.

Segunda etapa de trabajo en Joinville

Los nuevos colaboradores

Duras negociaciones

Gardel regresó a Buenos Aires el 20 de agosto de 1931 a bordo del *Conte Verde* con sus dos guitarristas y la actriz Gloria Guzmán, con quien habría mantenido un breve romance. En Montevideo se sumó un viejo conocido, el gerente del recientemente inaugurado cine Broadway, Augusto Álvarez. El empresario, productor del film, se había adelantado a sus competidores para proponerle un contrato. Gardel aceptó la propuesta, con clara intención promocional de la película, y al mismo tiempo registró las canciones que allí interpretaba en disco.

Entrevistado en el momento del desembarco en Buenos Aires, Gardel declaró a un reportero del diario *La Razón* (21 de agosto de 1931) que pronto regresaría a Europa: "La Paramount me llamará por teléfono desde París dentro de unos quince días. Será para fijar la fecha de mi regreso... Tengo comprometidas tres películas".

En noviembre, entrevistado en Montevideo, hizo un balance de su primera película y confirmó sus intenciones de seguir las filmaciones:

> *Luces de Buenos Aires* fue una película improvisada. Con todo, no me disgusta como salió. Reconozco que no se me dio un papel tan apropiado como lo será el que se me confiará en la primera de mis próximas películas, donde haré el rol de muchacho criollo milonguero, bacán y derecho, papeles que me parece poder desempeñar mucho mejor. [...] Para interpretar el Anselmo de *Luces de Buenos Aires* debí actuar con varias tricotas puestas una

sobre otra,[29] y maquillarme con pintura morocha en la cara, para dar idea del hombre de campo: fuerte, bien plantado, algo rústico y quemado por el sol de las pampas. [...] Llegaré a París hacia fines de noviembre y realizaré allí dos películas sonoras. Es muy posible, casi seguro, que hacia marzo del año entrante vaya a trabajar a Los Ángeles. Ya tengo serias propuestas al efecto.

Agregaba también algunos comentarios que mostraban su clara percepción sobre el arte cinematográfico:

> Volviendo al porvenir del cine sonoro, soy optimista. Pero siempre que él no se vea sujetado a la simple escena como en el teatro, lo que significaría su decaimiento y rutina de corto plazo. Para mí, lo esencial del cine sonoro es que siga siendo siempre cine, que se haga en primer término cinema, como dicen los franceses, y que se varíen los pasajes de interiores con lo de panoramas, movimiento amplio y cambios como en el viejo arte-mudo, pues no debe olvidarse que esos factores constituyeron la base preponderante de sus éxitos (Revista *Cancionera*, 1931).

Tras cumplir con los compromisos discográficos y algunas audiciones en radio, Gardel se embarcó nuevamente rumbo a París, resuelto a profundizar su carrera cinematográfica. Además, nunca como en esas brevísimas nueve semanas que estuvo en Buenos Aires, percibió muy fuertemente la hostilidad de un sector de la farándula y del periodismo porteño, movilizados por la envidia que su meteórica carrera en el exterior les provocaba y por la ruptura contractual que se iba produciendo con José Razzano, compañero de Gardel desde sus comienzos. Según Carlos Zinelli, al estrenarse *Luces de Buenos Aires* el martes 23 de septiembre:

---

[29] En realidad, Gardel no estaba conforme todavía con su figura y efectivamente en esta película todavía aparece con algunos kilogramos de más y buscaba la forma de que el público o por lo menos los críticos no lo percibieran.

El cantor está en la ciudad, pero no asiste. Su ofuscación es notoria y rehúye toda aproximación a la zona céntrica. Permanece inactivo y rodeándose únicamente de amigos probados… El 26 y 27 de octubre hace las últimas grabaciones del año en Buenos Aires, y el 28 toma el *Conte Rosso* rumbo a Europa. Por 14 meses no habrá de retornar. A los guitarristas les dice que todos los meses tendrán algún dinero (150 pesos mensuales), pero que están en libertad de tomar otros trabajos, pues no sabe cuándo regresará. Se embarca con desencantos… ¡y sin guitarristas! (Zinelli y Macaggi, 1987: 177).

Sin embargo, la situación en Francia distaba de ser sencilla. Las negociaciones con la compañía Paramount parecían haber entrado en un callejón sin salida. La gran depresión internacional iniciada en los años treinta golpeó duramente a la compañía, que sufrió pérdidas enormes en Joinville pasando de 18 millones de dólares de utilidades en 1930 a un déficit de 15 millones en 1932. Resolvieron entonces reducir fuertemente la producción y centrarse sólo en el cine alemán, español y francés en lugar de los catorce idiomas originales. La disolución de la operación multidioma expresaba que las economías de escala en que se basaba el proyecto original de Joinville ya no funcionaban. En 1933 la mayor parte de los estudios fueron cerrados, aunque algunos se mantuvieron para el doblaje, opción mucho más barata que el sistema de versiones múltiples.

Paramount sería muy prudente a la hora de iniciar nuevas películas, por lo que las negociaciones se extenderían durante prácticamente un año. Gardel se obstinó en lograr este acuerdo convencido de que su futuro seguía estando en el cine, pero además como parte de la silenciosa batalla que sostenía con quienes en Buenos Aires apostaban a su fracaso.

Al comentar sus negociaciones, Gardel le escribió a Defino:

> Aquí estoy esperando filmar, pero las cosas andan un poco apretadas en la cuestión cinematográfica, pero paciencia, dentro de un mes a más tardar empezaré; ya que he hecho veinte haré veintiuna, además que todos conocen que vine a Europa para filmar y ahora es cuestión de amor propio; no pararé hasta hacer el film.

Gardel comenzó a pensar en volver a Buenos Aires. En agosto le dijo a Defino que se embarcaría en el *Duilio* el 6 de octubre y que calculaba su llegada al puerto rioplatense dos semanas después. No obstante, las circunstancias dieron un vuelco espectacular y por fin se concretó el nuevo acuerdo con Paramount. En carta fechada el 16 de septiembre, Defino le comentaba:

> Mi querido Carlos. Todavía estoy bajo la impresión de la alegría que me ha causado el hecho de que hayas firmado contrato con la Paramount, que justifica así el objeto principal de tu viaje a ésa, al mismo tiempo que te descargas de todas las prevenciones que pudieras haber tenido al regresar sin haber conseguido ése, tu anhelo. Me imagino que con ese contrato has colmado tus ambiciones y tu amor propio queda, como siempre, a buen resguardo. Por aquí y en el ambiente es el tema obligado, por todas partes nos vienen pedidos para que testifiquemos la verdad del contrato y al comprobar que es verdad, causa admiración a la vez que contento, justificado por otra parte, dado las simpatías con que tú cuentas. En tu casa ni qué hablar, están como de fiesta y tu mamá muy conforme de que la causa de la demora de tu viaje sea para cumplir uno de tus más vehementes deseos... Armando (Defino: 1968: 77-86).

En su reporte de noviembre de 1932 Paramount informó que la compañía, en vistas del "grandioso éxito de *Luces de Buenos Aires*" había decidido realizar nuevas películas en español con "el famosísimo cantador de tangos" (Collier, 1988: 168). Dos figuras serían relevantes en esta etapa artística que iniciaba Gardel: el escritor y poeta Alfredo Le Pera y el director cinematográfico Louis Gasnier.

Alfredo Le Pera, un colaborador decisivo

Carlos Gardel y Alfredo Le Pera, una de las sociedades artísticas más talentosas y recordadas del siglo XX (Archivo personal de los autores)

Para encarar el nuevo desafío era necesario reunir un núcleo de colaboradores, con la desventaja de que ya no se encontraban en París el experimentado Manuel Romero ni los artistas argentinos agrupados en la compañía de revistas del teatro Sarmiento. Gardel acudió entonces a su amigo Edmundo Guibourg, pero éste le sugirió el nombre del poeta Alfredo Le Pera. Se iniciaría aquí un trabajo conjunto el que en menos de cuatro años generaría las canciones que proyectarían definitivamente a Gardel al plano internacional.

Alfredo Le Pera nació el 6 junio de 1900 en San Pablo, Brasil, pero sus padres se trasladaron a Buenos Aires un par de meses después. Vivió en el barrio de San Cristóbal y cursó el bachillerato en el Colegio Nacional Bernardino Rivadavia, situado en Chile entre Solís y Entre Ríos. Allí tuvo como profesor al dramaturgo y crítico teatral Vicente Martínez Cuitiño, quien influyó en su vocación como periodista y autor teatral. También estudió piano, lo que le permitió tener nociones básicas del pentagrama. Impulsado por su familia, comenzó la carrera de medicina, pero en el curso del cuarto año prevaleció su inclinación por el periodismo.

En 1920 hizo sus primeras armas en las páginas de espectáculos de *El Plata*, y colaboró además en *El Mundo*, *Última Hora* –donde ingresó precisamente por intercesión de Martínez Cuitiño–, *La Acción* y *El Telégrafo*, diarios para los que trabajó en las secciones de información general y crítica teatral. También se desempeñó como autor de teatro: su primera obra fue la revista *La sorpresa del año*, escrita en colaboración con el empresario Humberto Cairo, que fue estrenada en el escenario del Sarmiento el 24 de diciembre de 1927. Presentó luego *Los modernos mandamientos*, escrita junto con Alberto Ballestero y D. Gainza; *Gran circo político*, con Julio Filiberti Escobar; *Melodías de arrabal*, *¡Qué quieren los brasileños!*, *Piernas locas*, *Rojas bocas*, *La vida se va en canciones*, *Está abierta la heladera*, *Ya están secando con Broadway* y *La plata de Bebé Torre*, en colaboración con Pablo Suero y Manuel Sofovich; *Opera en jazz*, *Piernas de seda* y *Un directo al corazón*, realizadas en equipo con Antonio De Bassi, Antonio Botta y Carlos Osorio.

Desde su posición como jefe de la sección "Teatros" de *El Telégrafo* entabló muy buenas relaciones con importantes hombres del espectáculo, como Augusto Álvarez, empresario del teatro Porteño y luego del Broadway. Colaborando con las revistas del teatro Sarmiento, conoció y se enamoró de Aída Martínez, bailarina cuya delicada salud se agravó por el deseo de no abandonar su profesión. Le Pera la acompañó hasta Suiza para su operación, pero todo fue inútil; seis meses más tarde, la joven falleció.[30] El viaje había sido posible porque el empresario del Sarmiento lo envió a París en 1929 para que estudiara y comprara decorados y otros elementos para las revistas, entre ellos varias decenas de galgos, ya que las *vedettes* los lucían imitando a las damas de clase alta que se paseaban con ellos por los parques franceses.

Al volver a Buenos Aires comenzó a trabajar en la traducción y la confección de títulos para películas silentes. Realizó esta tarea junto con Leopoldo Torres Ríos, quien más tarde sería un relevante director del cine argentino. A fines de 1930 viajó a Chile con la compañía de revistas que integraba Tania, la compañera de Enrique Santos Discépolo, que también los acompañó.[31] Alojados en un hotel frente a la Iglesia de la Merced quedaron impresionados por el sonido de las campanas y compusieron el hermoso tango "Carillón de la Merced". En una entrevista radial Discépolo recordaría:

> El carillón, ese maravilloso carillón, me dio el motivo. Trabajé con fervor, con amor y compuse la canción. Pero la letra no salía. Me costó, es decir, nos costó mucho trabajo. Una madrugada, desvelados los dos, mezclando al inmutable son de las campanas esa fiebre de viajeros incurables que llevábamos, "Carillón de la Merced" se hizo música y canción...

Estrenado con éxito en el teatro Victoria de Santiago por Tania, se popularizó rápidamente en todo Chile y luego en la Argentina, y marcó el debut de Le Pera como autor de letras de tango.

---

30 Le Pera, como Gardel y tantos otros, tuvo una novia formal y "eterna", de nombre Vicenta Rodolico. El romance del poeta con Aída Martínez habría puesto fin a esa relación, aunque la joven nunca perdería las esperanzas.
31 Una versión indica que Le Pera habría realizado el viaje para estar con la actriz Carmen Lamas, también de la compañía (Amuchástegui, I., 1998).

De regreso en la Argentina, asumió como director de la compañía del teatro Cómico, en cuyo elenco se contaba Pedro Quartucci, con quien entabló relación. Habrán comentado entonces, quizá, algunos de los entretelones de la filmación de *Luces de Buenos Aires*. Tiempo después, su oficio de traductor de películas facilitó un segundo viaje a París a fines de 1931, donde ingresó en la compañía cinematográfica Artistas Unidos para traducir al español las leyendas impresas de las películas silentes. En ese tiempo conoció a distintas figuras de la cinematografía y redactó notas para *Noticias gráficas*, en las que reflejó el impacto que le produjeron dos destacados directores: el francés René Clair y el inglés Alfred Hitchcock.

Existen diversas versiones respecto de cuándo se conocieron Gardel y Le Pera, además de la señalada recomendación de Guibourg, quien los habría presentado en el bar Gavarni de la rue Chantal, lugar que Mario Battistella señalaba entre los habituales de Gardel en sus recorridas nocturnas. En otra entrevista, sin embargo, recordó con mayor precisión que

> Gardel me pidió que colaborase con él para su próxima película, si se concretaba el negocio. Yo le respondí que no servía para eso, que no era mi oficio. Además no me interesaba el ambiente de la cinematografía... Pero en cambio le dije a Carlos: "Yo te voy a presentar un muchacho que podrá servirte de mucho... Algo ha hecho...". Cuando le nombré a Alfredo Le Pera, me contestó: "Yo lo conozco de los cafés de Buenos Aires". Nos reunimos en la esquina del restaurante de la Rochefoucauld, en la rue Pigalle, principal lugar del encuentro, donde había cuatro o cinco esquinas con esos locales, como el Astor... En esos días, Le Pera había encontrado apoyo en un amigo pudiente, Cahen Salaberry, el padre del director de cine, que lo ayudó mucho... Allí se arregló Gardel con Le Pera, a quien llevó luego a los estudios de Joinville (Pesce, 1993).

El actor Tomás Simari también se atribuyó el haberlos presentado. El hecho habría ocurrido en Buenos Aires, hacia

> el año 1923. Terminada mi actuación en la sala del centro, el siempre animoso José Martínez me apalabró para formar compañía y presentarme en su nuevo teatro de verano, sito en la calle Pasco, entre Cochabamba y San Juan [...]. Tenía para mi administración a un jovencito reconcentrado y muy inteligente, que mientras llenaba los *bordereaux*, escribía letrillas de tango. ¿Su nombre? Alfredo Le Pera. Me acompañaba también en pleno éxito de su trayectoria, la cancionista Azucena Maizani, que allí justamente hizo gala de su amplio repertorio, con la emoción de su personalidad. Representamos, en tarde de lluvia torrencial, sobre chapas que captaban apenas el eco, "El Casamiento de Chichilo". Llegó Carlitos Gardel y así conoció en el Teatro de Verano al gran pibe Alfredo Le Pera (Simari, 1956: 51).

Enrique Cadícamo dio una versión diferente: Gardel, después de haber desechado a Mario Battistella para escribir el argumento, aunque habiéndole comprometido para ser autor de letras de las canciones, se encontró con Le Pera, al que conocía de vista, en el hipódromo de Longchamps. Éste estaba empleado en una empresa distribuidora de películas europeas, Osso Film, cuyo director propietario era el señor Ossoweski, en la que se ocupaba de traducir los diálogos de las películas del francés al castellano, y estos antecedentes habrían sido suficientes para su contratación. Para Pesce el encuentro seguramente se realizó en una de las reuniones celebradas en los departamentos de los hermanos Torterolo, amigos de Gardel.

La importancia de Louis Gasnier

El otro protagonista relevante de esta nueva etapa de la carrera cinematográfica de Carlos Gardel fue el director cinematográfico Louis Gasnier. Su carrera había comenzado en el cine silente para los estudios del célebre Pathé, hacia fines de la primera década del siglo XX, donde cosechó sus primeros éxitos junto al cómico francés Max Linder. Si bien sus películas han caído en el olvido, muchos ven en Linder al precursor de Chaplin (de hecho, éste nunca ocultó su admiración por el actor francés). Enviado por Pathé a cubrir la sucursal de New Jersey, en Estados Unidos, Gasnier adquirió fama a partir del desarrollo de un nuevo género: el cine por entregas, también llamado serial. El director era parte del selecto grupo de franceses que, por ser nativo del país que originó el cine, ejercía por aquel entonces una gran influencia en el país del norte.

The Perils of Pauline, uno de los primeros éxitos de Gasnier.
(Archivo personal de los autores)

Si bien a partir de 1913 el cine estadounidense se sirvió de folletines publicados en los diarios para construir el guión de sus películas seriales –What Happened to Mary y Las aventuras de Kathlyn, entre otras–, el éxito del nuevo género se concretó a partir de la irrupción de Pearl White en The Perils of Pauline (Las peripecias de Paulina), precisamente realizada por Gasnier en 1914. En estos cortos, la muchacha –esbelta, rubia y de cuerpo atlético pues había sido trapecista– enfrentaba las más terribles amenazas, de las que salía siempre triunfante para beneplácito de la platea.

Poco tiempo después, el exitoso dúo repitió su triunfo con *The Exploits of Elaine* –que en Francia se estrenó en 1916 con el nombre de *Les mystères de New York*–, una nueva serie de películas breves. A este éxito le seguirían otros, siempre con el mismo binomio, aunque con suerte dispar: *La diosa del Far-West, El tesoro del pirata, El reptil bajo las flores, El ataúd flotante...*

Luego de este suceso Gasnier continuó con relativa solvencia su trayectoria fílmica, hasta la irrupción del cine parlante. El sonoro implicó un fuerte cimbronazo para su carrera, así como para muchos otros directores provenientes del cine silente. Algunos de ellos pudieron adaptarse con éxito; otros, en cambio –Abel Gance, el héroe del melodrama entre ellos–, comenzaron a declinar. Gasnier formó parte de este segundo grupo. Contratado por Paramount, cristalizó en director "comodín", no muy brillante pero cumplidor. En esta etapa se sucederán *Darkened Rooms* (1929), *Shadow of the Law* y *L'Énigmatique Monsieur Parkes*, estas últimas de 1930 y de género policial. En la misma época de las películas de Gardel, Gasnier filmaría otros insulsos policiales, aunque con la particularidad de que puso frente a las cámaras a un hasta entonces desconocido Cary Grant.

Una película filmada por Gasnier en 1930 aparece como una de las claves para explicar la decisión de Paramount de contratar al director francés a la hora del lanzamiento cinematográfico de Gardel. Se trata de *Amor audaz*, codirigida por A. Washington Pezet, que tuvo como actores a algunos nombres que volverán a aparecer más adelante en el universo fílmico de Gardel: Rosita Moreno y Vicente Padula, además del de otro argentino, Barry Norton, quien venía trabajando con relativo éxito en el cine norteamericano. La larga trayectoria de Gasnier y el aval de haber realizado producciones con actores de origen hispano y latino habrían inclinado la balanza hacia su lado.

El cine francés hacía años que había perdido el control del mercado internacional y los grandes creadores y productores –Pathé, Melié y Gaumont– se hallaban en la ruina. A la vez, como una refracción de aquellos años de esplendor, actores y directores franceses pululaban por Hollywood y eran responsables de varios éxitos. Por entonces la capital francesa era una Babel: directores y actores rusos emigrados tras la Revolución de 1917; artistas alemanes, víctimas del acoso cada vez más oprobioso de Hitler; latinos e hispanos que iban a probar suerte... Todo esto generó un breve resurgimiento del cine francés: tras la masificación del cine sonoro en 1929, la producción crecerá en forma constante, hasta llegar a su pico en 1933, con 158 films. El vodevil, clara herencia del teatro, se transformó en esos años en el factor hegemónico de la cinematografía; incluso Maurice Chevallier o Georges Milton ("Bouboule") fueron parte de esta verdadera producción en serie.

El otro género en boga, tanto en Francia como en Estados Unidos, era el melodrama, también "tomado prestado" del teatro francés del siglo XIX. La diferenciación de gustos entre ambos países se hizo notar muy pronto, pues mientras que el melodrama siguió vivo y relativamente "intacto" durante décadas en Norteamérica, en Francia surgió desde mediados de la década de 1910 y hasta la irrupción del cine sonoro lo que se llamó el cine "vanguardista". Sus directores se dedicaron a explorar las posibilidades técnicas del medio, a la vez que intentaban ampliar los límites del relato, incluyendo figuras oníricas, planos abstractos, búsqueda de sensaciones, etc.[32] Entre los

---

[32] Kyrou reflexionaba, sin embargo, que "estos vanguardistas querían hacer psicología reuniendo lo más inútil, fácil y fastidioso que se podía encontrar en las novelas de Bourguet y de Bazin, aspiraban a rebajar al cine al nivel de la novela y por ello abusaron de las

vanguardistas merece destacarse la trayectoria de Abel Gance, quien, con un esquema narrativo cercano al melodrama teatral, realizó *Napoleón* (1927), una maratónica película de más cinco horas de duración, que presentó una amplia gama de novedades formales.

En este panorama sobresalió la figura de René Clair, un director que también provenía del cine mudo, en el que había dejado un recuerdo imperecedero con *Un sombrero de paja de Italia* (1927). Con Clair el cine local incluyó en su temática el ambiente de los barrios e inauguró una etapa de corte realista, en la que se intentaba reflejar en la pantalla la vida de los hombres sencillos. Habían pasado los tiempos de los "grandes temas" –aunque ambas corrientes convivieron durante un tiempo– y era el turno de las historias del bajo fondo, de la mirada popular.

Otro realizador que sobresalía del conjunto era de origen inglés y, aunque había realizado interesantes películas silentes, fue con la inauguración del mundo sonoro cuando cobró fama como director de películas policiales. Aunque los primeros grandes éxitos de Alfred Hitchcock son de mediados de la década de 1930, ya en 1929 con *Blackmail* pudo exhibir su calidad para manejar los elementos del relato y crear los climas de suspenso a los que será tan afecto.

Se puede decir, a grandes rasgos, que Gasnier tenía un poco de cada uno. De Clair recogió algunas variantes técnicas y un poco de su destreza para reflejar el ambiente suburbano –quizá su mejor logro al respecto sea la película *Melodía de Arrabal*–. Con Hitchcock, en cambio, compartía la inclinación por los relatos policiales, que luego se conocerían como "cine negro". Ése era, en síntesis, el marco en el que Carlos Gardel –un cantante antes que un actor, es preciso subrayarlo– desarrolló

---

posibilidades internas del medio de expresión que había sido puesto a su alcance, sobreestimando sus posibilidades manifiestas (bajo las cuales, por otra parte, acabaron por morir de sofocación)". Kyrou, A., s/f.

sus primeras películas en tierra europea: un director veterano, solvente pero de recursos limitados; el reino del melodrama y el vodevil bajo la influencia de René Clair; un acotado respaldo financiero por parte del estudio; y la irrupción del sonido en el medio cinematográfico.

Espérame

Paramount impone sus códigos

Aviso publicitario de la Paramount para "Espérame"

Para la filmación de sus películas Gardel armó un importante equipo musical de apoyo. Al talentoso Juan Cruz Mateo sumó el aporte de José Sentis, el músico español con el que el cantor había ensayado sus canciones. También colaboró con él Marcel Lattès,[33] un compositor

---

[33] Marcel Lattès, pianista y compositor francés, autor de varias operetas y de música popular. Nació en Niza el 11 de diciembre de 1886 y murió en el campo de concentración de Auschwitz (Alemania) el 12 de diciembre de 1943.

francés de música ligera. Más adelante se sumarían el director de orquesta cubano Don Aspiazú y el compositor y guitarrista Horacio Pettorossi.[34]

En esta etapa también participó el compositor Mario Battistella, quien ofreció su versión sobre el origen del argumento de la primera película de Gardel en este segundo ciclo francés y, por lo tanto, del rol inicial de Le Pera. El guión de *Espérame* –según su relato– fue una adaptación de otro proveniente de Paramount de Estados Unidos, que, ante la inicial negativa de Battistella a reformarlo, Le Pera tomó en sus manos, aunque finalmente contó con la colaboración de aquél. Algunos autores aseguran que la película ya había sido rodada con anterioridad en Inglaterra, con el nombre de *Wait for me*.

Antes de asociarse con Gardel, Battistella tenía ya una destacada trayectoria.[35] En 1929 había ido a Italia a visitar a sus padres y de allí se fue a París como traductor de Paramount. Desde 1932 trabajó estrechamente con el

---

34 Nació en Buenos Aires el 21 de octubre de 1896. Este guitarrista y compositor se sumó en 1915 al dúo que Francisco Martino había formado con D'Angelo, para incorporarse con ellos a la compañía de José González Castillo y Elías Alippi en noviembre de ese año, que en el teatro San Martín representaba *Juan Moreira*. También participaba allí el dúo Gardel-Razzano. En 1923 se incorporó al conjunto Los de la Raza y debutó en Madrid en el teatro Price. En 1925 actuó en Alemania y París, y recorrió luego gran parte de Europa. Retornó en 1931 a este continente y en 1932 se sumó a trabajar con Gardel en sus películas. En *Melodía de arrabal* participó en una escena en un café, donde cuelga de una percha a su bajo compañero de mesa y luego lo baña con un sifón.

35 Nacido en Monforte (Verona-Italia), el 5 de noviembre de 1893, debutó como autor teatral en Buenos Aires en colaboración con Francisco Bohigas, al estrenar su revista *Do-re-mi-fa-sol-la-si*, en el teatro Variedades, el 21 de noviembre de 1922. Con el mismo autor escribió: *El profesor Trombini, Aflojale que colea* y *Las papas están que queman*. También fue autor de *La estatua maldita, A ver quién tiene más cancha, Vengan aquí los colosos*, representadas en las salas del Bataclán, Boedo, Mitre, Cabildo, Avenida y Smart, junto a otros títulos ya olvidados. Sus primeras poesías las publicó en *La Canción Moderna* y su primer tango "Pinta brava", que lleva música de Charlo, es de 1927. A Gardel lo conoció en 1922 en el teatro Variedades, al iniciarse como autor, y se frecuentaron también en España.

cantor colaborando en la creación de canciones: "Melodía de Arrabal", "Me da pena confesarlo", "Estudiante", "Cuando tú no estás", "Mañanita de sol", "Criollita de mis amores", "Desdén"; para ello trabajó esencialmente con Gardel y Le Pera. "Sueño querido" compuesto con Ángel Mafia alcanzaría también gran repercusión al ser grabado por Gardel. En 1933, en Buenos Aires, y ante un pedido del cantor, puso los versos al tango "Mi alhaja", compuesto por el dúo Gardel-Razzano quince años antes y que, con el agregado de la letra, Gardel grabó con el nombre de "Medallita de la suerte". Ese mismo año Carlos le grabó también "Al pie de la santa cruz", tango que compuso con música de Enrique Delfino. Battistella señaló que la colaboración entre ellos se inició en 1931, en París, cuando crearon juntos el tango "Desdén".

El siguiente es el pintoresco relato de Battistella de la filmación de *Espérame*:

> el manager de Carlos Gardel, señor Pierrotti, excelente amigo y experto hombre de negocios, había conseguido un contrato con Paramount para rodar algunas películas en los estudios de Joinville (París). Solicitada mi colaboración para el arreglo de un argumento que tenía destinada la casa, me presenté a los estudios con el fin de hacerme cargo del asunto. El libreto traducido en francés directamente del inglés era de una concepción completamente americana y comenzaba de la siguiente manera: "La acción tiene lugar en una sórdida aldea de España. Por una calle larga, estrecha y solitaria, van varios gauchos a caballo y revólver en mano entran en una hostería cantando un tango, etc. etc. Stop".

Según su testimonio, él se negó a arreglar semejante disparate y entonces Le Pera se hizo cargo de la ingrata tarea, aunque lo invitó a colaborar en la producción del film.

En pleno invierno y con un frío terrible, cruzó el bosque de Vincennes que conducía a los estudios, donde se reuniría con Gardel para grabar a las diez de la mañana. Battistella debía terminar para esa hora un tango y una zamba.

-Pero, che, Carlos, ¿cómo querés que hagamos los textos así de golpe y porrazo, sin saber de qué se trata, sin pensar?... Esto es ir demasiado rápido –protestaba yo, molesto.
-No importa, viejo, métanle cualquier cosa; no tenemos tiempo que perder.
-En fin –agregaba Le Pera–, otra vez trataremos de ser más previsores.
-¡Claro! –afirmaba Carlos–, vos sabés que con esta gente no se puede discutir. Ahí tenés cigarrillos, despejate un poco... metele, viejo.
Y sin otras explicaciones, desapareció del escritorio cerrando tras de sí la puerta, dirigiéndose a la galería.
Bueno, pensaba yo, hasta las diez hay tiempo para hacer varias tonterías. Y lápiz en mano me puse a trabajar... Quince minutos después había conseguido terminar el primer *couplet* y refrán del tango "Me da pena confesarlo", y me disponía a dar el asalto al segundo, cuando improvisadamente interrumpió en la oficina Mateo, pianista de Carlos, diciéndome apresuradamente que suspendiera el tango y que hiciera "marchar" la zamba, puesto que debía grabarse como primer número.
-¡Aquí están todos locos! –exclamé–, no me dejan ni respirar.
Mateo se llevó las manos a los oídos y desapareció como un fantasma. Tuve la impresión de hallarme en un manicomio, y tomando la cosa a la ligera, en pocos minutos destilé la zamba, y se la presenté a Carlos... Ya me había acostumbrado a las mil rarezas de los estudios, pero confieso que mi asombro sobrepasó los límites cuando al entrar al set oí la transmisión del tango que, incompleto, se había llevado Mateo a escondidas, y que Carlos acababa de registrar. Mateo miraba de lejos con una sonrisa diabólica, filtrando su mirada por entre las pestañas como si hubiese querido decirme "La cosa ya está hecha, ¿vas a protestar?"... Carlos me invitaba a acercarme llamándome con las manos. Avancé en punta de pie.
-¿Qué me "batís", viejo?

–¡Pero si el tango no está terminado!...
–No importa, está muy bien así como está, además, como es un poquito largo repito la mitad del *couplet*, el refrán, y viene como anillo al dedo. Por otra parte, no olvides, hermano, que para las doce tienen que estar listas todas las canciones.
Eran las doce menos cuarto, Carlos había realizado la proeza poco menos que inconcebible de grabar todas esas composiciones a primera lectura y con la preocupación de los minutos contados. Faltaba solamente lo que parecía más fácil: el tango habanera "Estudiante", y luego todos podríamos ir al restaurante y dar libre curso a los comentarios del día. Carlos completamente extenuado, embrutecido (si cabe la expresión), por el desgaste mental de esa dura mañana ya no descifraba los versos y los leía mal. Siete veces intentamos la prueba sin mejorar la situación. Todos estaban nerviosos: el director de la orquesta, Carlos, Le Pera y cuantos nos rodeaban. Mateo al piano se roía las uñas mirando de soslayo. Yo, para no excitar más los ánimos, me había colocado en un ángulo simulando estar entretenido en la corrección de un diálogo.
–Silencio –repetía nuevamente el asistente, y después de anunciarse al micrófono el título de la canción y el número de pruebas, Carlos cantaba una vez más, pero incurriendo en la equivocación de los versos. "Muchachita de Montmartre, de la calle callejera..."
–No, Carlos –interrumpió Mateo levantándose bruscamente del taburete–. La letra es: "Muchachita de mi barrio, de la cita callejera".
–¡Stop! –ordenó fastidiado el director–. ¿Qué es lo que no va? –preguntaba en francés. Y como no comprendía el castellano, había que explicarle siempre lo que ocurría.
–¡Y a vos qué te importa! –gritó Carlos, con visible enojo–. ¡Vos ocupate de tu trabajo que yo sé lo que hago y lo que digo! –Y notando que había sido violento, agregó inmediatamente después, suavizando el tono: "Vos no te metás, Mateo, ¿entendés?, total estos cosos no *mangian* ni medio".
–Sí, pero eso queda grabado en la película –le fue dicho.
–Es verdad..., es verdad, no me había apercibido. Es que estoy mareado con esta "changa" y no doy más.
Y como si tal cosa, sonrió una vez más como él solo sabía sonreír, como cubriendo el incidente con una suave cortina de seda (Battistella y Le Pera, 1937: 24-29).

Battistella agrega que el argumento era tan malo, tan falto de sentido común, que al más experto en la materia le hubiera sido imposible darle forma y ritmo cinematográfico.

Un hecho positivo en el desarrollo de la capacidad actoral de Gardel fue la incorporación al equipo de Felipe Sassone. Escritor peruano nacido en Lima el 10 de agosto de 1884, vivió y realizó la mayor parte de sus obras en España. Allí escribió piezas de teatro –como *La señora está loca* y *Calla corazón*– y gozó de gran prestigio y afecto en los medios intelectuales madrileños. Su producción teatral, aunque no muy abundante, fue exitosa.

Sassone había conocido a Gardel en Buenos Aires en 1918, donde presenció su actuación a dúo con Razzano. Volvió a encontrarse con él en los estudios de Joinville, cuando fue contratado en calidad de "hombre del diálogo" (*dialogman*) para supervisar la actuación de los actores en la película *Espérame*.[36] Con pluma estilizada refirió su reencuentro con el cantor:

> No habían pasado los días para él. Todavía el pelo negrísimo, untado por los peluqueros de París, sobre la faz tersa de indio blanco, que perenniza la juventud. Y los ojos penetrantes y los dientes carniceros de Don Juan. Se había afinado, estilizado, relamido, agalanado, como un amoroso de comedia. Parecía un gigoló, un bailarín profesional de cabaret aristocrático. Pero como la mayor parte de los que son desenvueltos y graciosos en

---

[36] Sassone describió exactamente este momento: "–¿Cómo te va, ché, viejo? Es Carlitos Gardel, que acaba de reconocerme. –Pero hombre, ¿vos por acá? El célebre cantor argentino está más delgado, más joven, y cuando se lo digo, me explica muy regocijado: –Le metí pata no más a los baños turcos y al régimen, Hay que guardar la línea, viejo. ¡Y cómo no! Los seguía un tropel de figurantas, todas muy bonitas, y Carlos nos convida a todos a almorzar... Yo le hago los honores a un *blanquette de veau* delicioso, y Gardel ordena, para rociarlo, unas venerables botellas empolvadas que llegan dormidas en sus cestas" (Sassone, 1933).

la vida particular, cuando trabajaba ante el lente de la cámara, se volvía serio de miedo, torpe y rígido. Costaba mucho hacerlo hablar. Pero era estudioso y voluntarioso.
–Vení, che. Tomame este poquito de relación. Enséñame vos.
Cuando nos cansábamos los dos de porfiar, se echaba a reír y señalaba su garganta.
–Yo me defiendo con esto. ¡Ah, hermano, con esto sí! Mirá, oí esta frase –y me decía una del tango que él mismo había acabado de componer, letra y música, de oído.
Cantaba muy bien; con una emisión segura, con una entonación perfecta, con gran expresión y sentido (Sassone, F., 1935).

Luego comenzó la discusión sobre el título de la película. Se la llamó al principio *Orquídeas negras*, pero finalmente se resolvió darle el enigmático nombre de *Espérame*. La realización de la película insumió veintidós días –en septiembre de 1932– y costó la suma de un millón y medio de francos. Por último, al título principal se le agregó una aclaración: *Andanzas de un criollo en España*, para justificar la presencia de una mayoría de actores de ese origen, los únicos de habla castellana disponibles en Joinville. Posiblemente, el agregado haya sido un intento de Gardel y Le Pera de escudarse ante las previsibles críticas por el hecho de que tanto el contexto como los intérpretes poco y nada tenían que ver con un ambiente criollo. Otro detalle del título es que en la película aparece como *Esperáme*, lo cual puede deberse a un mero error ortográfico de quienes confeccionaron el material (no sería el único, Battistella se convirtió en Batti-Stella) o, tal vez, como un intento de adaptarlo a la fonética rioplatense y darle un "tono" aporteñado.

La filmación

Carlos Gardel caracterizado para el film
(Archivo personal de los autores)

El reparto de *Espérame* fue encabezado por Carlos Gardel y Goyita Herrero, y completaban el elenco Lolita Benavente, Jaime Devesa y Manuel París, entre otros.

El argumento de la película, por inaudito, merece ser resumido: Rosario Aguilar (interpretado por la Herrero) se enamora de Carlos Acuña (Gardel) durante un baile de disfraces en el que él le canta "Por tus ojos negros". Para sobrevivir y hacer frente a unas deudas generadas tras la muerte de su padre, un estanciero argentino, Carlos canta en un cabaret de ambiente cubano.

El pretendiente de Rosario, Esteban, lleva al padre de la joven a jugar a ese mismo cabaret y le "gana" todo su dinero; hasta lo llega a obligar a hipotecar sus propiedades. En ese marco, Gardel interpreta "Criollita de mis amores" y "Por tus ojos negros", y es contratado para actuar en un nuevo baile de disfraces que va a realizarse en la casa de los Aguilar. El baile es en realidad una excusa para anunciar el compromiso matrimonial de Rosario y Esteban, a quien el padre de la joven ha tenido que ceder en compensación por sus deudas.

Rosario se resiste al compromiso y huye en compañía de su doncella. Una feroz tormenta obliga a las mujeres a refugiarse en una fonda. En el lugar se precipita el desenlace: uno tras otro, llegan Acuña con su criado, Esteban y el padre de Rosario. Los hombres se trenzan en una pelea y luego de la victoria del protagonista, un empleado del cabaret confiesa que Esteban estafó y extorsionó al padre de la joven. Esteban es echado de la fonda y Acuña se queda con la muchacha: la feliz pareja se besa y parte en un carruaje entre aclamaciones de los presentes.

Análisis

La inconsistencia argumental es de tal magnitud que, más allá de que –según el relato de Battistella– Le Pera haya tenido que adaptar un argumento predeterminado en Nueva York, parecería que el destacado poeta no logró remontar la situación. Con un argumento tan pobre era imposible actuar bien, sobre todo para Gardel que no tenía la suficiente experiencia para paliar situaciones ridículas como las que abundan en la película. Igualmente, su capacidad de actor-cantor alcanza a manifestarse en las canciones señaladas.

Entre los errores más groseros está la secuencia final que, además de ser bastante pobre, diluye el único atractivo del film: en vez de cantar Gardel, lo hace Goyita Herrero. Destaquemos, finalmente, que el tema musical central, la rumba "Por tus ojos negros", en vez de ser usada como fondo musical, es cantada nada menos que ocho veces (cinco por Gardel, dos por Goyita Herrero y otra en dúo), con lo cual la saturación es completa.

De todos modos, la presencia de Gardel como cantor y actor con el film se incrementa sensiblemente. Actúa algo más de veintiséis minutos sobre sesenta, es decir, un 43% del total, prácticamente el doble de su película anterior, y canta cuatro canciones, mientras que en *Luces de Buenos Aires* había entonado sólo dos.

Más allá de la calidad argumental del film, su variado repertorio musical es relevante. El tango "Me da pena confesarlo" aparece registrado como de Gardel y Le Pera aunque Battistella, según su propio relato, se atribuye la autoría de la letra. Es posible que Le Pera completara la versión parcial de la película para su grabación en disco, y de ahí la autoría señalada. Pero el tango, que tuvo mucha difusión, tiene el dejo inconfundible de las letras de Battistella: "Me da pena confesarlo/ pero es triste, qué canejo/ el venirse para abajo/ derrotado y para viejo/ No es de hombre lamentarse/ pero al ver cómo me alejo/ sin poderlo remediar/ yo lloro sin querer llorar...".

La rumba "Por tus ojos negros", con música de don Aspiazú, evidencia la capacidad de Gardel para interpretar otras formas musicales, distintas del tango y la música criolla, y su impacto en el público de diferentes países. "Mi corazón barco sin puerto/ por todas las rutas de ilusión/ encontró al fin de su desierto/ la estela azul de un viejo amor...". La zamba "Criollita de mis amores", cuya letra también aparece registrada a nombre de Le Pera, logró gran repercusión a través del cantor y su acompañamiento, al igual que en "Me da pena confesarlo", es realizado por un sexteto dirigido por Juan Cruz Mateo.

La repercusión

La película fue estrenada en Buenos Aires en el Cine Real. El diario *La Prensa* del 5 de octubre de 1933, a octavo de página y con una foto de Carlos Gardel, anunció:

> *Un nuevo film de Carlos Gardel que hará furor!*
> *Espérame –Andanzas de un criollo en España"*
> *Oiga a Gardel en "Criollita de mis ensueños" (zamba)*
> *"Por tus ojos negros" (Rumba)*
> *"Me da pena confesarlo" (tango)*
> *"Estudiante" (Habanera)*
> *A partir de hoy, REAL CINE exclusivamente.*

En el cine, situado en Esmeralda 425 la programación del día era: *Cómicas* (cortos). 17: *El crimen del siglo*; 18.45 y 22: *Casa Internacional*. Noche, 23.10: *Espérame*.

El comentario de *La Prensa* del día siguiente fue poco entusiasta en relación con la calidad de la película, aunque prudente dada la previsible repercusión por la presencia de Gardel:

> Estrenó anoche el cinematógrafo Real la película hablada en español *Espérame*. Su protagonista es el cantor Carlos Gardel. Como finalidad la novedad sólo tiene la pretensión de mostrarlo en sus aptitudes vocales. No intenta imponerlo como galán, ya que sabido es que el artista, según lo evidenció en *Luces de Buenos Aires* y *Melodía de arrabal*, poco o nada convence como galán. Gardel gusta en *Espérame* cantando, nada más. Y en sus canciones tiene lo mejor la cinta ofrecida anoche. [...] Quizá pudo ser intención del realizador y del mismo protagonista, pintar un ambiente de aproximado colorido argentino. Pero no ha pasado de intención, tantos son los anacronismos que malogran el deseo. Hay tipos que pretenden ser gauchos... y dicen ¡Olé! De los intérpretes sólo Gardel se luce. Con su acostumbrada gracia y con su fino sentimiento canta diversas composiciones. Pero deja que desear como actor.

Mucho más duro y definitivo sobre el porvenir de Gardel como actor fue el comentario del diario *El Mundo* del 13 de octubre de 1933:

> Había dos motivos que justificaban nuestro interés por esta película, parte de su condición de parlante en castellano: su interpretación por un compatriota nuestro, Carlos Gardel, y su dirección a cargo de un hombre ya fogueado en el cine, Louis Gasnier. Desgraciadamente, esos dos puntales de nuestro interés han fallado en forma lamentable. Fracasó Gardel porque una vez más no ha podido soportar la responsabilidad interpretativa que han querido adjudicarle para aprovecharse de su cartel frente al público. Pero una vez más comprueba Gardel que él es solamente un gran cantor, y nada más. Y que eso de quererle complicar la vida con papeles de galán –de galán malevo, mucho más de malevo que de galán...– no es cosa que le convenga. Pues Gardel carece de las más elementales aptitudes para ello. Es hora ya de decirlo, después que lo hemos visto intentar varias veces la misma aventura, en la que lo habíamos estimulado siempre, deseosos de verlo mejorar, pero de la que es preciso disuadirlo ahora ante el peligro de que sus fracasos como actor puedan perjudicarle su legítimo prestigio de cantor.
> En cuanto al director, Louis Gasnier, su actuación no ha sido más afortunada que la de Gardel. Más aún, cuesta trabajo hallar esa actuación a través de la obra, pues no hay en ella acierto ni mérito alguno que la justifique. Más bien parecería que los actores se hubieran manejado solos, sin control ni dirección alguna.
> De ahí que el argumento, francamente infantil, queda completamente deslucido y sin defensa, empeorando aún por esa lamentable defección de los otros elementos del film.

La exhibición en Buenos Aires fue un verdadero fracaso. Así lo reflejaba la revista *El Heraldo del Cinematógrafo* del 25 de octubre:

> Contra todas las opiniones, incluyendo la del *Heraldo*, el film de Carlitos Gardel *Espérame*, que distribuye la Paramount, ha merecido el rechazo del público de tal manera que se ha dado el caso de cines que comenzando la función con doscientas personas, al promediar el tercer acto quedaron con menos de treinta

espectadores. La mayoría de los exhibidores resolvió no pasar la película o, a lo sumo, pasarla como relleno, solicitando la correspondiente rebaja. Dicha alquiladora, por otra parte, en algunos casos que conocemos, ha obrado como correspondía al reducir a menos de la mitad el precio de la película (Muoyo, A., 2000).

Mientras el Real siguió con *Espérame* en cartelera hasta el 12 de octubre, el Cataluña –Corrientes 2046– proyectó *Melodía de arrabal*, que en Buenos Aires se había exhibido primero, y que a partir del 13 se repondría en el Minerva. El 18 de octubre *Espérame* fue repuesta en el cine Once y el 26 y 28 fue proyectada en los cines Gaumont y Select Corrientes. Hay que señalar que el Real era una sala de segundo orden frente a la importancia del Ambassador, el Gran Teatro Broadway, el Gran Cine Ideal o el Porteño.

La frustrada experiencia no sería ignorada. Era necesario rodear a Gardel de mejores intérpretes, y para ello, había que convencer a los directivos de Paramount y al propio Gasnier. No fue un proceso sencillo y sólo la constancia de Le Pera y la creciente ductilidad de Gardel permitirán avanzar frente a las enormes dificultades que afrontaba su aún incipiente inserción cinematográfica

La casa es seria

Imperio Argentina, la primera estrella de Paramount

Magdalena Nile del Río, "Imperio Argentina"
(Archivo personal de los autores)

A pesar del traspié sufrido con el lanzamiento del film *Espérame*, el anterior éxito comercial de *Luces de Buenos Aires* inclinó a los directivos de Paramount a respaldar más sólidamente la carrera cinematográfica de Gardel. Le Pera se hará cargo íntegramente de los libretos y buscará figuras de mayor prestigio para acompañar al cantor. Como la intención era cubrir un amplio espectro del público, que incluyera al mercado español, se resolvió convocar a la ya famosa actriz Imperio Argentina, quien contaba con una sólida trayectoria en España y los países de habla hispana.

La cancionista y actriz Magdalena Nile del Río –como realmente se llamaba– había nacido el 26 de diciembre de 1906 en Buenos Aires, en el barrio de San Telmo. Hija de padres españoles y de ascendencia inglesa, debutó en el Teatro de la Comedia con el nombre artístico de "Petit Imperio", apadrinada por la bailarina y cupletista española Pastora Imperio. En España estudiará danza y adoptará su nombre artístico definitivo, sugerido por Jacinto Benavente. En 1924 debutó en el teatro Romea de Madrid, luego actuó en diversos locales de variedades de la Península y grabó sus primeros discos. Tres años después, el director cinematográfico Florián Rey la escogió para interpretar *La hermana San Sulpicio*, película muda basada en la novela de Armando P. Valdés. En 1928 filmó *Corazones sin rumbo* en Alemania, de la cual sólo se conservan algunos minutos, y luego interpretó *Los claveles de Virginia* en España. Su repertorio artístico incluía tangos arrabaleros, valses criollos, habaneras, canciones y melodías cubanas.

La aparición del cine sonoro y el éxito de las primeras películas musicales la atrajeron a París, donde fue contratada como primera estrella por los estudios de Joinville, para filmar *El profesor de mi mujer* (1930) y *Cinépolis* (1931), entre otras. Con el estreno de *Su noche de bodas*, dirigida por Louis Mercanton y Florián Rey, cosechó un éxito especial al aparecer en un dúo con Manuel Russell en la interpretación del vals "Recordar", que se convirtió en el suceso discográfico del momento. Después siguieron *Lo mejor es reír*, la versión española de *Rive gauche*, dirigida por Alexander Korda y coprotagonizada por Manuel Russell y Rosita Díaz; *¿Cuándo te suicidas?*, dirigida por Manuel Romero; y el cortometraje *El cliente seductor* (1932), en el que acompañó nada menos que a Maurice Chevallier.[37]

Imperio Argentina había conocido a Gardel en 1923 en Madrid y nueve años más tarde se encontraron en los estudios de Joinville para filmar el cortometraje *La casa es seria*.

La filmación

El plan de trabajo en común se iniciaba con el mediometraje[38]*La casa es seria* y permitía ajustar detalles para encarar el proyecto más ambicioso de Paramount. En octubre de 1932 comenzaron las filmaciones, dirigidas por Jaquelux con música de Carlos Gardel y Marcel Lattès.

Algunos investigadores llegaron a sugerir que Jaquelux era un seudónimo de Louis Gasnier, director de varias películas previas y posteriores de Gardel. Sin embargo, la foto de promoción de *La casa es seria*, en la que figuraba Gardel, el elenco de la película y el director, dejaba a las claras que Jaquelux y Gasnier no eran la misma persona.

---

[37] Extraído del CD BMCD, sello Blue Moon, serie Cancionero de Oro, editado en España.
[38] Películas que se utilizaban en forma independiente, junto con otras de dimensión más reducida –a las que se llamaban "cortos"–, o como acompañamiento de la principal.

JAQUELUX
Metteur en scène.
Derniers films : *Diablette*, *L'Etoile d'or*, *La Valse Rouge*, *Fugue d'Amour*, *Le Monstre*, *Les aventures de Monsieur Couic*.
Paris (XIXe), 54, rue Simon-Bolivar.

(Archivo personal de los autores. Gentileza de César Fratantoni)

Lucien Tonietti Jaquelux –tal era su nombre completo– supo ser ilustrador, diseñador de producción, guionista, asistente de director y director.

Francés de origen, como ilustrador –también conocido bajo el nombre de "Lucien Tonietti"– tuvo sus años de esplendor en las décadas de 1920 y de 1930, en las que ilustró un sinnúmero de libros y revistas, entre los que se destacan los de corte erótico que realizó para "Smile" (Éditions de l'impression) entre 1924 y 1933. Supo ilustrar, entre otros, a la Mistinguette, la legendaria bailarina del Moulin Rouge, a quien Carlos Gardel llegó a conocer. Entre otros trabajos, también realizó en 1929 una ilustración –de carácter casi abstracto– de Charles Chaplin.

Debido a su talento como ilustrador, fue convocado a trabajar en el cine. Ingresó como decorador (lo que hoy se conoce como escenógrafo) para *Yasmina* (1926, dirigida por André Hugon), ignota película de entretenimientos.

A partir de allí, su trabajo en el séptimo cine fue constante: alternó sus labores de escenógrafo con los de asistente de producción y dirección, hasta finalmente debutar en 1930 con *Les saltimbanques*, codirigida con Robert Land. La película, producida por Seymour Nebenzal, estaba basada en el exitoso musical homónimo de Louis Ganne, escrito y estrenado en 1889.

No podemos juzgar a Jaquelux desde el punto de vista de la realización cinematográfica, donde su trabajo fue siempre menor. En cambio, su tarea cobra realce como ilustrador, retratista y creador de afiches para promoción de películas. No obstante, su fortuito contacto con Carlos Gardel le da un espacio en la cinematografía del cantor y, por lo tanto, merecía una página en la profusa investigación alrededor del universo gardeliano.[39]

En el film, que duraba unos 25 minutos, Gardel interpretaba el tango "Recuerdo malevo", compuesto con Le Pera para ese corto, acompañado por un conjunto típico dirigido por Juan Cruz Mateo, y la canción "Quiéreme" –subtitulada "Te esperaré", y también compuesta por ellos– secundado por la orquesta de Don Aspiazú.[40] El libreto era de Le Pera y los actores que acompañaban a Gardel eran Imperio Argentina, Lolita Benavente y Josita Hernán. El argumento del corto es simple: un muchacho asedia a una

---

[39] En relación con la trayectoria artística de Lucien Jaquelux, podemos mencionar algunos trabajos, tanto en la decoración de escenarios (*La venenosa*, 1928, Moulin Rouge, 1940), como en su puesto de director. En esa dirección, uno de sus años más prolíficos fue 1932, donde además de *La Casa es seria*, rodó *Femmes On demande de jolies femmes, Monsieur boude* y *Le picador*.

[40] Como Gardel no llegó a registrarla en disco, sólo se conserva la versión extraída de la película.

joven recatada pero no consigue despertar su interés, hasta que, finalmente, consigue una cita, aunque ella le advierte que vive en "una casa muy seria". Por la noche, cuando el galán acude a la cita y silba, como habían convenido, para que ella le arroje las llaves de entrada, desde otras ventanas, diferentes muchachas se asoman para arrojarle las llaves. Entonces Gardel, sonriente, exclama: "Con que la casa es seria...".

El principal aporte de este corto es el tango de Gardel y Le Pera, "Recuerdo malevo", inmortalizado en una sentida interpretación del cantor: "Era mi pebeta una flor maleva/ más linda que un día dorado de sol/ trenzas renegridas, mirada que ruega/ boca palpitante de fuego y amor...". Por otra parte, no hay en circulación copia de esta filmación, debido a que cuando los alemanes invadieron París durante la Segunda Guerra Mundial destruyeron el original de esa película, entre muchas otras, y no se consiguen copias, aunque se proyectó por la televisión argentina y es posible que alguna vez aparezca alguna. Sí en cambio fue posible recuperar el sonido de los discos vitaphone que acompañaban el film en aquellas salas que no contaban con el sistema de sonido óptico. De ese material se transcribe un diálogo entre Gardel e Imperio Argentina que tuvo cierta repercusión periodística por lo "osado", para los cánones de la época:

> Imperio: ¡Esta persecución debe terminar...! Me lo encuentro a usted por todas partes; por Florida...
> Gardel:...Soy yo.
> Imperio: Voy de compras...
> Gardel: Y yo, siempre yo.
> Imperio: Ayer en una ferretería...
> Gardel: Entre los tachos, yo soy su admirador...
> Imperio:...y así desde la última noche del baile de la ópera...
> Gardel: ¡Ah, noche inolvidable!... Yo disfrazado de Angelito y usted de Odalisca...

> Imperio: No recuerdo. ¡Por favor!
> Gardel: Bajaba usted la gran escalera del teatro, vaporosa, elegante, y al llegar a la planta baja me preguntó dulcemente: ¿Podría usted decirme donde está el tocador de damas? Y yo le contesté: ¿El tocador de damas? Aquí está... soy yo...

Seguramente Gardel, aprovechando que Le Pera era su libretista, había logrado introducir algunos de sus famosos chistes subidos de tono, pero *El Heraldo del cinematografista* de Buenos Aires recomendó la supresión de la escena, ya que "la eliminación de un chiste de subido color en nada afectaría el desarrollo de la película" (Muoyo, A., 2000).

La repercusión

En Buenos Aires se estrenó el 19 de mayo de 1933 en el Suipacha, como complemento de la película *Ámame esta noche*, con Maurice Chevalier. En la misma función también se proyectaba una conferencia del doctor Le Bretón filmada en Washington. El diario *La Nación* comentaba al día siguiente:

> Se exhibió *La casa es seria*, comedia musical hablada y cantada en castellano, interpretada por Imperio Argentina y el cantor nacional Carlos Gardel. Consta de dos actos, que se desarrollan en un ambiente elegante y permiten demostrar a los dos artistas nombrados sus ponderables condiciones para el canto.

Melodía de arrabal

La filmación

Concluida la filmación del mediometraje, en pocos días más comenzaron los preparativos para realizar el largometraje *Melodía de arrabal*.[41]

La dirección sería de Gasnier, la música estaría a cargo de Gardel, con algunos de sus habituales colaboradores –Sentis, Lattès, Pettorossi y Raúl Moretti– y el libreto, una vez más, en manos de Le Pera. El elenco estaba compuesto por Carlos Gardel (Roberto Ramírez) e Imperio Argentina (Alina Salinas) en los roles principales, secundados por Vicente Padula (Pedro Ventura), Jaime Devesa (Rancales), Felipe Sassone (el empresario de teatro) y Manuel Paris (el comisario Maldonado), además de otros actores con pequeños papeles.

La película estaba ambientada en una cantina de un barrio portuario –inspirado en La Boca de Buenos Aires–, donde se cantan canciones españolas y se baila tango. Ahí Roberto Ramírez trabaja como cantor, además de ganarse unos pesos extra gracias a su notable habilidad en el juego de naipes. La casualidad querrá que el cantor salve la vida del comisario Maldonado, cuando un rufián de nombre Rancales intente asesinarlo. Ramírez se transforma en un jugador de cartas profesional y se convierte en miembro de un club de juego importante con el seudónimo de *Torres* y se enamora de Alina Salinas, una profesora de canto que

---

[41] Este fue el primer proyecto integral que tuvieron Gardel y Le Pera con relación a su colaboración cinematográfica. Esto se desprende de una carta enviada por el cantor a Razzano mientras actuaba en el Teatro Empire, entre el 26 de diciembre de 1930 y el 8 de enero de 1931 y donde le dice: "Tengo que ir a Estados Unidos a filmar. A propósito, parece que la película se va a llamar *Melodía de arrabal* o algo por el estilo. El flaco Le Pera está escribiendo el argumento que es una maravilla" (Del Greco, 1990: 315).

consigue la ayuda de un empresario de teatro, quien escucha a Ramírez y lo contrata. Cuando Rancales sale de la cárcel, extorsiona a Ramírez amenazándolo con descubrir su verdadera personalidad. En el club de juego forcejean y Torres mata a Rancales con su propia arma. Tras meditarlo un instante, se deshace del cadáver metiendo el cuerpo en un ascensor y haciendo que éste se eleve solo, enganchando un fósforo en el botón de subida. El inspector al que Ramírez había salvado la vida, toma el caso, deduce que sólo alguien muy hábil con las manos podía haber cometido el asesinato y sospecha de inmediato de Torres.

Éste se prepara para debutar en un teatro, función a la que asiste el comisario. Al escucharlo –aquí Gasnier dobla la pantalla al mejor estilo de Abel Gance en *Napoleón* para mostrar a Gardel cantando al principio de la película en la fonda y ahora en el teatro–, entiende que Ramírez y Torres son la misma persona. En el camarín, frente a frente, el policía le recuerda que él le había salvado la vida y antes de retirarse le entrega a Ramírez el fósforo, dando por zanjado el asunto.

Algunas anécdotas

Vicente Padula y Carlos Gardel en una de las escenas iniciales de *Melodía de Arrabal* (Archivo personal de los autores)

Mario Battistella ha dejado sus impresiones sobre *Melodía de arrabal*, en el estilo desenfadado que lo caracterizaba y que llevó a José Le Pera a señalar:

> Mientras se filman las películas... Battistella no se aleja de los estudios de Joinville. Consigue irritar, fastidiando al director español Florián Rey, al cónsul general del Perú Felipe Sassone, escritor y poeta; al director Jaquelux. Battistella es burlón, insistente, temperamentalmente "cargoso". "Es una estampilla bien engomada difícil de despegar", diría alguna vez Carlos Gardel (Le Pera, 1991: 22-23).

Teniendo en cuenta estas prevenciones, su juicio es igualmente valioso.

> Carlos Gardel debía interpretar de acuerdo a las exigencias de la dirección de la Paramount, un personaje volcado en el molde trazado por Ricardo Cortez en la película *Mon homme*, a cuyos

efectos se hizo confeccionar un traje de 'guapo' idéntico al que vistiera el actor español... La dirección quería imponer el repertorio musical de su propiedad, o sea composiciones de autores de la Paramount. Imperio Argentina deseaba injertar algunas de su cosecha; por otra parte, Carlos Gardel, con el afán de defender nuestros intereses comunes, protestaba enérgicamente arguyendo que las composiciones estarían a nuestro cargo, máxime tratándose de un argumento que comprendía motivos netamente argentinos. Finalmente comenzó el rodaje, pero en el 'pote' musical terminó por poner la cuchara sucia todo el mundo...
Los decorados fueron realizados a gusto de los escenógrafos de la Paramount y a pesar de nuestras constantes indicaciones, los interiores y los exteriores carecían completamente de ambiente. El Cabaret, lejos de asemejar el peor de los que tenemos en Buenos Aires, presentaba todas las características de una cantina del puerto de Marsella. El palco de la orquesta y el salón estaban adornados con banderitas internacionales y largas bandas transversales de papel chino. Sobre las mesas, acá y allá, vasos de vino y de cerveza, que el mozo que llegaba en mangas de camisa los tomaba de a cuatro a la vez, poniéndoles los dedos adentro. Los contertulios vestían a la manera de los changadores valencianos, con grandes guardapolvos grises y gorro echado para atrás; marineros, borrachos y fogoneros descuidados en el aseo. Las mujeres parecían apaches de opereta, la falda negra ceñida a las caderas y un pañuelo rojo al cuello; casi todas fumaban a un tiempo y se paseaban de un lado a otro con requiebros sin perder el compás del tango.
La palabra de orden del director, que conocía dos o tres frases en nuestro idioma, para animar el ambiente era: 'Viva tu madre, olé'. Le Pera, irritado por aquella falta de concepción, ya había tenido algunos disgustos con la dirección y de no haber yo intervenido a tiempo hubiera habido un final de 'La Traviata'. Carlos estaba tan absorto en el estudio de los diálogos que si se hubiese prendido fuego a su lado no lo habría notado... Donde nos divertimos fue durante la filmación del 'pasacalle' que pretendía ser una copia auténtica de un barrio de la Boca. Allí se encontraban reunidos todos los vendedores callejeros habidos y por haber. Acá un genovés vendiendo 'fainá'; allá una mujer cualquiera vendiendo helados y horchatas; otros vendiendo pescadilla frita; aquí otro vendiendo castañas asadas; en un ángulo un turco vendiendo

peinetas; otro vendiendo frutas frescas. El que más se hacía oír entre todos era un extra argeliano que hacía de manicero y que no hallándose en la utilería una corneta le dieron un clarín.

Y para que la escena fuera más real le entregaron una cesta llena de cacahuates con el resultado que ni bien entraba a la 'cámara' los otros figurantes, como una manga de langostas, se le echaban encima despojándolo de la mercadería, produciendo un gran alboroto. De pronto surgían inesperadamente varios vendedores de periódicos pregonando a un tiempo *La Prensa*, *La Nación*, *Última Hora*, *Crítica*, *La Razón*, *Noticias Gráficas*, *El Diario*... Hubo un momento que alguien pregonaba *París Midi* y *Paris Soir*. Carlos, mientras esperaba la señal de cruzar esa calle de mil demonios, se divertía gritando él también; para no ser menos a mi vez comencé a vociferar toda clase de improperios. Total, en nada se alteraba el orden. Afortunadamente, esa escena se cortó (Battistella y Le Pera, 1937: 29 y ss).

Comenzaron aquí los entredichos entre Le Pera y Gasnier. Battistella con posterioridad recordó que un entredicho entre Le Pera y Gasnier fue muy serio y que el libretista, enfurecido, arrojó el libro al suelo, gritando que no trabajaba más. Gardel y Padula salieron tras él y la filmación debió ser interrumpida. A la noche, el director de la compañía, "Míster" Khan, invitó a cenar a los protagonistas y, después de dar las explicaciones correspondientes, se pasó a tratar la filmación del día siguiente.

Por la mañana, al encontrarse Gardel con Gasnier le recordó: "–Che, viejito, se acabaron los gritos, eh. Para mí y para todos los demás... ¿Estamos? –Oh, sí, sí, monsieur Gardel –fue la respuesta" (Barcia *et al.*, 1991: 150).

Para el rodaje de la película se emplearon veintitrés días y el costo de producción alcanzó la suma de un millón ochocientos cincuenta mil francos.

Inicialmente, la actriz Rosita Díaz Gimeno había sido la seleccionada para el rol coprotagónico, pero su prueba de audición fue deficiente, por lo que se recurrió nuevamente a Imperio Argentina, quien exigió cuantiosos honorarios. En sus memorias la actriz recuerda:

> [Gardel] cantaba solo en ese film, como era natural ya que era la "estrella", pero mi padre le pidió que hiciera un dúo conmigo; él no creía que una voz de mujer, como era la mía, se complementara con la suya, abaritonada y varonil. Temía la distorsión pero accedió gustoso dada la gran amistad que sentía por mí. Yo canto una cosa pequeñita con él, su canción *Mañanita de sol*, que compartía su autoría con Le Pera y Battistella, una zamba a tono con la voz de él, quedando muy satisfecho. Es una canción preciosa, bien criolla, fresca y espontánea. Fui la única mujer que cantó a dúo con él,[42] luego he visto que a su voz se han acoplado otras voces, pero todo eso se ha conseguido con recursos técnicos de grabación, voces y orquestas acompañándolo... Yo me extasiaba oyéndolo cantar durante la filmación, con esa voz de maravilla, con una singular manera de cantar, sensible, todo sentimiento, en su decir argentino, con toda la comprensión de lo que es la frase musical, la palabra sentida, la articulación, y era todo por intuición, por naturaleza, por haber nacido con una voz de privilegio y un talento regalo de Dios.
> En esta película, cantando ese tango-canción de su creación, *Silencio*, que yo también llevé en repertorio, me enteré que se había inspirado visitando un cementerio de París con tumbas de muertos por la guerra del 14, la impresión que le causó le recordó lo mucho que su madre en Buenos Aires, en esos años, Doña Berta Gardes, había sufrido como madre francesa, pensando en tantos hijos de su patria que morían por defenderla. Ese tema le dio origen a Le Pera y Horacio Pettorossi con él mismo a componer un éxito que se cantó por muchos años en todo el mundo... Gardel lo cantaba con tanto sentir que nos emocionaba a todos hasta las lágrimas. El estudio durante la filmación y en sus canciones era de un silencio absoluto, todo el personal entregado a la magia de su canto.

---

42 En realidad ya lo había hecho Goyita Herrero en *Espérame* y luego lo haría Rosita Moreno en *El día que me quieras*.

Recuerdo que las chicas se agolpaban en el estudio para admirarlo de cerca, porque realmente era un hombre guapísimo, atractivo, aunque un poco introvertido en el trato. Conmigo tuvo algunos escarceos, algún lance amoroso, fuimos novios al estilo de la época, mi padre lo sabía, pero de ahí no pasó porque yo era demasiado joven y veía perdida mi profesión artística. Mi padre me apartó, celoso de mí, siempre conmigo, posesivo, fiel custodio. Gardel era un hombre seductor y en aquellos momentos estaba protegido por una mujer americana, la baronesa Wakefield, que hacía parte de su entorno parisino. También era muy amigo del Duque de Windsor y del actor Gary Grant. Supe que había ido a Londres a cantar por radio y que también lo hizo en París. Recuerdo que a Gardel, que gustaba de comer muy bien, al estilo argentino, buenos bifes y pucheros, se lo notaba un poco gordito. Entonces yo le sugerí que hiciera un régimen porque en cine la figura humana aparece aumentada. Le recomendé que por una semana se alimentara a base de yogur, que se apartara de las comilonas, que ya vería el resultado. Dócil, aceptó mi sugerencia y en unos pocos días logró rebajar unos cuatro o cinco kilos, que mucho me lo agradeció (Manso, 1999: 45-47).

Análisis

Un estudioso de esta filmografía señala que

> sería fácil caer en la tentación de atribuir a la experiencia de Gasnier un mejor resultado, pero lo cierto es que no hay motivos para ello. El *travelling* hacia adelante con que empieza el film o los rebuscados efectos de luces para simular el tráfico rodado sin mostrar ningún coche podrían ser ingeniosos en manos de un René Clair, pero aquí sólo dan sensación de rigidez e inexperiencia por parte del realizador. A cambio hay algunos planos largos, bastante bien sostenidos por los actores, que suponen una cierta comprensión de la nueva estética que suponía el cine sonoro.[43]

---

[43] De España, R. s/f.

No obstante, las pretensiones artísticas de Gasnier parecen tener más asidero en este film en comparación con *Espérame*, que logra construir un relato cinematográfico con ciertas escenas logradas,[44] como por ejemplo la trama policial alrededor del asesinato de Rancales, que consigue atrapar el interés del espectador. También hay un argumento más fluido y diálogos mejor estructurados y creíbles. Con la actuación de Imperio Argentina y Vicente Padula las interpretaciones mejoran sensiblemente y al mismo tiempo potencian la de Gardel, mucho más desenvuelta. De la misma manera, las cuatro canciones interpretadas por él aportan la calidad musical complementaria.

El tango "Melodía de arrabal", verdadero homenaje a los barrios rioplatenses, alcanzó una rápida popularidad: "Barrio plateado por la luna/ rumores de milonga es toda tu fortuna/ hay un fueye que rezonga/ en la cortada mistonga/ mientras que una pebeta/ linda como una flor/ espera coqueta/ bajo la quieta luz de un farol...". Y la interpretación de "Silencio" causó un verdadero impacto: "Silencio en la noche, ya todo está en calma/ el músculo duerme, la ambición descansa/ meciendo una cuna, una madre canta/ un canto querido, que llega hasta el alma/ porque en esa cuna, está su esperanza..."[45]

Por otra parte, cabe señalar que un tango con música de Sentis y texto en francés de Della Rosa, y en castellano de Teruel, que fue editado como disco y publicitado como cantado en la película, no fue incorporado a la versión final

---

[44] De España sugiere que la mayor calidad de esta segunda película se podía deber a la colaboración de Florián Rey, luego un importante cineasta español. Rey era la pareja de Imperio Argentina, por lo que su protagonismo en el film bien pudo haberlo convencido de colaborar.

[45] Gardel sabía del valor de esta composición. Al volver a Buenos Aires hizo seis grabaciones con guitarras y dos con la orquesta de Francisco Canaro para seleccionar las versiones que circularían.

de *Melodía de arrabal*. Se llamaba "Dis moi pourquoi" en francés y "No sé por qué" en castellano, y era interpretado por Gardel e Imperio Argentina.

La repercusión

Una vez concluidas las filmaciones, Gardel se preparó para regresar a Buenos Aires.

El 30 de diciembre llegó al puerto de la capital argentina, y en una de las primeras entrevistas que le hicieron realizó un primer balance de su *performance* cinematográfica:

> *Melodía de arrabal* se llama una de las películas y la otra se llama *Espérame*. Alfredo Le Pera fue muy útil a la Paramount para ambientar ambos filmes. Imperio Argentina, que es una estrella magnífica, y Helena D'Algy, tan conocida en Buenos Aires, fueron mis *partenaires* femeninas. Gloria Guzmán debió tomar parte pero no fue posible. Lo verán al comediógrafo Felipe Sassone en un papel de empresario y a Manolo Paris y a Padula en roles importantes. Hasta Battistella, el autor de tangos, participa en un papelito episódico. Se echó mano de lo mejor que había en Joinville con referencia a nuestro idioma. *Espérame* es una película sentimental y frívola; *Melodía de arrabal*, de más médula, se apoya en una muy importante intriga policial. A este último film es al que le tengo más fe (*Diario Crítica*, 31 de diciembre de 1932).

En marzo del año siguiente, Gardel agregaría en otro reportaje:

> No puede usted imaginarse lo que significa para ciertos temperamentos, intervenir en la filmación de películas. Yo creí que después de la sensación experimentada la primera vez que me vi ante un micrófono, que fue el de Radio Prieto, no podría ver nada superior. Pero le aseguro que al resolverme a filmar películas esa sensación volví a experimentarla, y tal vez más acentuada.

En relación con el film a estrenar, señalaría:

> En esta película he puesto toda mi alma. Mi intervención ha sido destacada y he tratado de hacer honor a la deferencia que se me ha hecho. No puedo anticiparme al pensamiento del público, pero creo que ha de gustar... Aquí personifico al pequero. He tratado de identificarme todo lo posible con ese personaje de nuestro ambiente, y creo haberme puesto a tono. Aquí ya ha desaparecido el pequero. Ahora hay un verdadero *high life*. Ya ve con qué facilidad se realizan las transformaciones en el cine. Es igual que en la vida real (Revista *Antena*, 1933).

Melodía de arrabal se estrenó en Buenos Aires en el Cine Porteño el 5 de abril de 1933. Enrique Cadícamo describió aquel momento:

> Gardel había regresado a Buenos Aires asistiendo al debut. Aquella noche, antes de comenzar la proyección del film, yo me encontraba con algunos amigos en el hall del cine a la espera del cantante [...]. Gardel venía caminando del brazo de Razzano y seguido por algunos amigos, entre los que se encontraba su ex representante Pierotti. Estaba vestido muy a la *dernier cri*, con ropas oscuras, luciendo un entallado abrigo azul de excelente corte, un largo pañuelo de seda azul a lunares blancos, que al usarlo a manera de echarpe dejaba al descubierto el cuello y la corbata lujosa, rematando este atuendo tan personal su inconfundible orion claro que llevaba con gracia, ligeramente requintado sobre una oreja, imprimiéndole todo ese elegante conjunto, un aire muy porteño de compadrito *dandy*. El público del hall lo recibió con una cálida ovación y Gardel, después de retribuirla con su varonil sonrisa, se encaminó hacia el interior de la sala (Cadícamo, 1988: 135).

Adolfo Avilés, en *El Diario*, expondría su opinión sobre la película, aduciendo que había sido

> hecha especialmente para lucimiento de nuestro cantor máximo, pero el Sr. Louis Gasnier se olvida de que Carlos Gardel es más cantor que actor, y si bien como lo primero convence plenamente, como actor es discutido. Su poca flexibilidad y soltura

ante la cámara son bien manifiestas, pero todo se borra cuando interpreta algunas de las composiciones que se han intercalado en el film.

Para los detractores del tango, la película no podía ser más que una aberración. La revista católica *Criterio* que expresaba estas corrientes, en su edición del 20 de abril de 1933 señalaba al respecto:

> *Melodía de arrabal* podría ser calificada de película-tango. En efecto, el título del film, su asunto, la psicología de sus personajes, tan afín a la de los héroes del tango y la música elemental y llorona de sus partituras hacen de la cinta un producto que no encuentra otra denominación más adecuada que la del tango con todos los inconvenientes y los defectos del tango. Un tema sin originalidad, que tiene antecedentes a granel en la letra de las canciones tahurescas de bajo fondo porteño, es motivo para múltiples escenas de una sensibilidad ramplona, en las que Carlos Gardel adopta poses y ensaya expresiones faciales amaneradas, y cuya exageración grotesca quiere atemperar con recursos de pretendida plasticidad romántica.

Una opinión más favorable tuvo el *Heraldo del cinematografista* del 12 de abril de 1933, que señaló: "De cuantas películas se han realizado hasta el presente en el extranjero, tomando como ambiente el arrabal porteño, ésta es la más afortunada, ya que no hay exageraciones y no llega a ser ilógica".

Lo cierto es que *Melodía de arrabal* tuvo una repercusión enorme en todo el mundo de habla hispana y a mediados de año ya había superado el gran éxito de taquilla de *Luces de Buenos Aires*. En España la difusión utilizó conjuntamente la figura de Gardel y la de Imperio Argentina "la novia de España", permaneciendo en cartel en varios cines sucesivos a partir de su estreno en noviembre de 1933, que se extendieron al año 1934. (ABC, Madrid, hemeroteca).

Un cambio de escenario

Para cuando se rodó *Melodía de arrabal*, la actividad de Paramount en Joinville declinaba. Ese año de 1932 la empresa norteamericana hacía en Francia exclusivamente versiones en un solo idioma, y así abandonaba el sistema de versiones múltiples en varios idiomas en que se apelaba a actores de diversas nacionalidades. Este film fue uno de los pocos rodados en español, lo que señala la relevancia creciente que se asignaba a Gardel. También se apelaba al doblaje en condiciones precarias. Felipe Sassone lo ha descripto así:

> A poco se ordena de nuevo el silencio y empieza la sincronización. Pasan una cinta hablada en inglés; los artistas españoles, que se saben de memoria la traducción del texto, hablan a su vez en voz baja, siguiendo desesperados los movimientos de los labios de los peliculeros. La traducción castellana es algo horrendo: ha habido que escribir palabras del mismo tamaño, del mismo número de sílabas que las inglesas; ha habido que imitar hasta la fonética en todo lo posible; donde el actor de la película pronuncia una "o" no puede el *doble* pronunciar una "i". Hay que respetar todas las pausas, hay que *doblar* hasta las toses y los ruidos de los personajes. Sale un diálogo extraño, telegráfico, absurdo, en que se dicen cosas por rodeos, por aproximación. Cortan la escena y la vuelven a pasar varias veces. De pronto le quitan el sonido para que sólo hablen los *dobles*. Y hablan una, y otra, y otra vez. Cuando los actores se muestran seguros, míster Sivert ordena: *¡teck!* Es que van a impresionar. Cortan a los dos minutos, y el director pregunta: –¿Está exacto? (Felipe Sassone, 1933).

Las causas del cese de la actividad en Joinville estaban vinculadas con las distintas presiones, en particular del Sindicato de Artistas de Francia, que amenazó con dar de baja a los artistas que participaran en versiones francesas de películas realizadas en el exterior. Luego el gobierno francés –a raíz de la crisis económica mundial de los años treinta– prohibió la remesa de divisas fuera del país (Muoyo, A., 2000), pero las razones de peso no eran en definitiva las económicas. Las películas que las filiales francesas de los grandes estudios norteamericanos filmaban eran de muy baja calidad y habían perdido la competencia en los mercados locales. Malas copias de films originales de Hollywood se sucedían –*Hollywood revue, Galas de la Paramount, El rey del jazz, Vampiresas 1933*– sin gran repercusión en el público local, por lo que las medidas del gobierno francés sólo representarían el golpe final.

El 7 de noviembre de 1933 Gardel y sus compañeros partieron de Buenos Aires y dos semanas después desembarcaron en Barcelona para, una vez cumplidos los compromisos allí, trasladarse a París.

En la capital francesa arrendaron un departamento en el barrio de la Magdalena, rue de L'Arcade 14, así como un piano para los ensayos. Todas las noches se reunían con Alfredo Le Pera y con su amigo el periodista argentino Manuel Sofovich, a los que ocasionalmente se sumaban otros amigos argentinos o franceses, con los que salían a cenar y a recorrer los lugares de esparcimiento. Defino recordaba que

> Carlos dormía hasta el mediodía y a esa hora iniciaba sus ejercicios de costumbre... cuando Carlos ya terminaba su higiene, ensayaba algunas canciones o componía, con la ayuda de Castellano, trozos de otras. Al promediar la tarde, Carlos se separaba de nosotros para atender sus asuntos privados de orden sentimental y quedábamos en vernos a determinada hora en el departamento de Le Pera (Defino, 968: 95).

Defino acompañó en esa estadía a Gardel y a Le Pera a los estudios de Joinville para negociar nuevos proyectos, pero las conversaciones fueron muy vagas y no llegó a concretarse nada.

Carlos no tenía mayor entusiasmo en proseguir las tratativas de Joinville. Le interesaba tentar fortunas en Estados Unidos; había vencido en Europa y como visionario y luchador que era presentía que conquistaría a Estados Unidos. Firme en sus decisiones, optó por desentenderse de su filmación en Francia y resolvió su viaje a Norteamérica (Defino, 1968: 96).

En realidad, Gardel ya tenía un ofrecimiento de la National Broadcasting Corporation (NBC) la poderosa cadena radial norteamericana y eso le serviría para concretar su desembarco en Estados Unidos.

Como era habitual, las finanzas estaban en la cuerda floja y con lo que quedaba sacaron pasaje a Estados Unidos en el *Champlain,* para Gardel, Castellano y Pettorossi. Le Pera esperaría en París hasta ver cómo se desarrollaban los acontecimientos.

El 22 de diciembre, el vapor *Champlain* partió del puerto de Cherburgo, trasladando a Gardel, Castellano y Pettorossi rumbo a los Estados Unidos.

Gardel, un personaje de creciente impacto popular en el mundo de habla hispana, debería continuar su labor cinematográfica en la sede central de Paramount, en Nueva York. Ahí concentraría sus esfuerzos, dando por terminada su carrera artística en París, la ciudad que lo había consagrado definitivamente en el plano internacional y que lo había lanzado al estrellato en el medio artístico dominante en la época, el cinematógrafo.

Conclusiones

La revolución en el campo de la cultura en el siglo XX gira sin duda alrededor del desarrollo de la cinematografía, que integra en una nueva dimensión a las artes existentes y permite su masificación acompañando los sostenidos procesos de urbanización. Al mismo tiempo, redefine una cultura de valores impuesta por los grandes centros internacionales productores de películas, con hegemonía de Estados Unidos y de algunos países europeos.

Muy pocos países situados fuera de este campo geográfico escaparon a esta situación. En América Latina, Argentina, por su gran crecimiento económico y social a partir de fuertes procesos migratorios de origen europeo, consolidó en las últimas décadas del siglo XIX y en las primeras del XX un campo del espectáculo asentado en el teatro culto y popular (el sainete y el circo criollo), el canto lírico, la música de zarzuelas y cuplé, y diversos desarrollos de la música popular dominada por el llamado "canto criollo" y el tango.

Al mismo tiempo pioneros, generalmente de origen europeo, impulsaron tempranamente experiencias asociadas a la producción de discos, la creación de la radio y diversas experiencias de desarrollo de la cinematografía local. Hacia fines del siglo XIX comenzaron las filmaciones de breves documentales y noticieros, junto con ensayos de sonorización fonográfica o cronofotográfica con películas cuya duración equivalía a la de los discos, escenificando canciones y situaciones de los sainetes, de las zarzuelas y de las óperas.

Luego de las primeras películas con argumentos asociados a temas históricos, el "criollismo" –corriente de peso en las culturas populares urbanas y rurales– encuentra su espacio de representación en el cine. Con elementos extraídos del folletín (en las que se socializaron por vía oral millares de habitantes), del sainete y del circo criollo, esta cultura privilegió a los habitantes rurales como portadores de valores asociados al trabajo y a la honradez, en contraste con un mundo urbano crecientemente vertiginoso y con inadecuadas tentaciones para las mujeres, lo que afectaba a la familia como base de la organización social.

Esta oposición entre campo y ciudad se potenciaría con el extraordinario éxito en 1915 del film *Nobleza gaucha*. El momento favoreció el éxito de la película y su exportación a los países latinoamericanos dado la caída del ingreso de películas europeas y el todavía insuficiente desembarco del cine norteamericano. Ello desató nuevos intentos de emular el éxito de la película. La productora cinematográfica Patria Film convocó en 1917 a Francisco Defilippis Novoa, dramaturgo que debutó como director en esta película, para adaptar la novela *Flor de durazno* del escritor Gustavo Martínez Zuviría (seudónimo Hugo Wast) publicada en 1911 que era un gran éxito de librería, dada la extraordinaria popularidad del autor. Profundamente católico, Martínez Zuviría sumó a los planteos del criollismo el castigo por la expiación de los pecados.

¿Por qué Carlos Gardel fue convocado para desarrollar un papel importante en esta película? En primer lugar, hay que subrayar que la producción de las películas de temáticas criollistas convocó a actores y a cantantes provenientes del circo criollo, del teatro y de las varietés. Cuando se crea Artistas Argentinos Asociados, la mayor parte de sus socios fundadores habían pertenecido al circo criollo.

Pero Gardel era esencialmente un cantor integrante del dúo criollo Gardel-Razzano y la película era silente. Por ende, no era para cantar, sino claramente para actuar.

Sus condiciones actorales se habían desarrollado en su adolescencia, cuando supo ser comparsa en espectáculos de zarzuela y ópera y se fue consolidando mediante su vínculo con quienes luego serían grandes actores (Alippi, los Podestá, Cassaux), así como en breves parlamentos en obras de teatro y fines de fiesta de las compañías.

El rol asignado en la película fue relevante. A excepción de Ilde Pirovano, Gardel comparte con Celestino Petray tiempos similares de actuación muy por encima del resto del elenco. Su físico se adecuaba al papel que debía encarnar, el de un criollo fornido capaz de ahorcar a un hombre con sus manos, con la ternura y la ingenuidad de un trabajador rural. Su exceso de peso no desentonaba en los modelos físicos de la época que pocos años después serían desplazados por los impuestos universalmente por el cine norteamericano.

La película merece un lugar importante en la historia del cine argentino, de la que por desconocimiento e incluso por un prejuicio sobre la capacidad actoral de Gardel se la había excluido. Con *Flor de durazno* Carlos Gardel tuvo su primera experiencia cinematográfica y dejó clara su intención de reforzar su veta interpretativa como actor. Al mismo tiempo, la filmación proporcionó al artista una visión objetiva de su figura, al verla reflejada en la pantalla, y ello impulsó un sostenido esfuerzo para remodelarla y adecuarla a los parámetros que se impondrían en lo concerniente a la belleza masculina, mediante una sostenida actividad física y exigentes dietas. Comenzaba la lenta elaboración del galán-cantor que se impondría en la cinematografía mundial en la década de 1930.

Volcado a la creación y al desarrollo del tango cantado, las dotes interpretativas de Gardel totalmente consustanciadas con su forma de cantar no pasaron desapercibidas para los más agudos analistas de la época, que incluso llegaron a denominarlo "El actor del tango". Por ello, cuando se produjo mundialmente el pasaje al cine sonoro y en la Argentina se plasmaron esfuerzos para avanzar en la filmación de cortos musicales, su convocatoria no provocó sorpresa. Los estudios de la compañía cinematográfica Valle percibieron que a medida que las películas extranjeras con sonido se iban proyectando en el país –lo que suponía el cambio en los equipos de proyección–, había espacio para generar cortos de complemento. La figura de Gardel garantizaba su inmediato éxito comercial y, junto con el apoyo material de Francisco Canaro quien se asoció a esta iniciativa, se concretó hacia fines de 1930 la filmación de quince cortos.

El éxito obtenido reafirmó la decisión del artista de dedicarse con intensidad a la cinematografía. Había percibido muy tempranamente la relevancia del pasaje al cine sonoro y las posibilidades que se le abrían. Pero las filmaciones en Argentina también le dejaron en claro que el medio local estaba muy lejos del desarrollo tecnológico de las compañías norteamericanas y europeas. El encuentro con el cine internacional recién lo plasmaría en Francia.

En la compleja transición al cine sonoro, uno de los principales problemas para la difusión internacional de las películas pasó a ser la barrera idiomática. De ahí que se apeló a la filmación de películas en versiones múltiples, rodadas por artistas de diversa procedencia en el idioma del público al que se destinaba el film en cuestión.

Un intento más audaz fue el desarrollado por la Paramount que adquirió estudios en la localidad de Saint-Maurice, contiguos a los situados en Joinville pertenecientes a la Pathé Cinema. La contigüidad de los estudios y el hecho de que en la ciudad de Joinville se albergara en sus hospedajes a los miembros de las colonias artísticas, llevó a que todo esto complejo fuera denominado globalmente "Joinville", y bajo este nombre lo conoció Gardel. Paramount construyó un gran complejo con seis estudios donde se filmaban películas en más de diez idiomas. Pero además de las adaptaciones, la concentración de los recursos humanos y técnicos permitió que se desarrollaran películas con argumentos propios que llegaron a ser una tercera parte de las producciones totales de Joinville y que se concentraron en idioma francés, español, sueco y alemán.

En mayo de 1931, Gardel logró ponerle la firma al primer contrato con Paramount. La película se llamó *Luces de Buenos Aires* y fue dirigida por Adelqui Millar. Para concretar la filmación confluyeron diversas iniciativas. En esa dirección, fue central la presencia de la compañía de revistas del Teatro Sarmiento que pertenecía al también dueño del Cine Teatro Broadway de Buenos Aires, el español Augusto Álvarez.

Romero y Herrera –los guionistas del film– recibieron instrucciones de Álvarez de apoyar la realización de una película que incluyera a Gardel. Con esta idea, le plantearon a Paramount hacerse cargo del desarrollo del libreto cinematográfico, de las canciones y de la participación de los artistas de la compañía.

El hecho de que Gardel interpretara únicamente dos canciones ("Al pie del rosal" y "Tomo y obligo") a lo largo del film, nos indica que distaba de ser una estrella para la compañía Paramount. La película fue realizada como parte de un acuerdo global en el que confluyeron diversos intereses y protagonistas, y eso se reflejó en el contenido del film y en el peso relativo de los intérpretes; no fue una película de Carlos Gardel como protagonista excluyente, sino más bien una empresa colectiva.

Sin embargo, la interpretación de "Tomo y obligo" marcaría un antes y un después no sólo en la carrera de Carlos Gardel, sino también en el desarrollo de la industria cinematográfica argentina de los próximos años. La imagen del gaucho en el bar "El cocodrilo", tomando y cantando sus penas, fue tan fuerte que marcó, a nivel internacional, un movimiento irresistible que las sucesivas películas expandirían. En adelante, a la notable voz comenzó a asociarse la imagen del galán-cantor. Nacía una estrella.

La gran depresión internacional iniciada en los años treinta paralizó temporariamente el proyecto de filmar, y Paramount sería muy prudente a la hora de iniciar nuevas películas. Gardel se obstinó en lograr este acuerdo convencido de que su futuro seguía estando en el cine pero además como parte de la silenciosa batalla que sostenía con quienes en Buenos Aires apostaban por su fracaso.

Dos figuras serían relevantes en esta nueva etapa artística que iniciaba Gardel: el escritor y poeta Alfredo Le Pera y el director cinematográfico Louis Gasnier.

Ciertamente, Carlos Gardel debe una parte de su trascendencia artística a estas dos personas. La poética de Le Pera, de gran calidad y lirismo romántico, ayudaría a despertar el interés de nuevos espectadores por estas películas. Gasnier, por su parte, aportó su probada experiencia en realizar films "de ambiente" y en lidiar con relatos de ambiente marginal o policial.

Para la filmación de sus nuevas películas, Gardel armó un importante equipo musical de apoyo. Al talentoso Juan Cruz Mateo sumó el aporte de José Sentis, el músico español con el que el cantor había ensayado sus canciones. También colaboró con él Marcel Lattès, un compositor francés de música ligera. Más adelante se sumaría el director de orquesta cubano Don Aspiazú y el compositor y guitarrista Horacio Pettorossi. En esta etapa también participó el compositor Mario Battistella. Un hecho positivo en el desarrollo de la capacidad actoral de Gardel fue la incorporación al equipo de Felipe Sassone, quien fuera contratado en calidad de *dialogman* para supervisar la actuación de los actores en la película *Espérame*, el primero de los films que Carlos Gardel rodaría en esta nueva etapa.

Poco pudo hacer Sassone. La inconsistencia argumental de la película fue de tal magnitud, que únicamente pudo rescatarse la interpretación de Carlos Gardel del tango "Me da pena confesarlo". La presencia de Gardel como cantor y actor en relación con *Luces de Buenos Aires* se incrementó sensiblemente, ya que intervino en casi la mitad de la película y cantó cuatro canciones.

A pesar del traspié sufrido con *Espérame*, los directivos de Paramount decidieron respaldar la carrera cinematográfica de Gardel. Le Pera se haría cargo íntegramente de los libretos y se buscarían figuras de mayor prestigio para acompañar al cantor. Como la intención era cubrir un amplio espectro del público, que incluyera al mercado español, se resolvió convocar a la actriz Imperio Argentina, quien contaba con una sólida trayectoria en España.

El plan de trabajo en común se iniciaba con el mediometraje *La casa es seria* y permitía ajustar detalles para encarar el siguiente proyecto. En octubre de 1932 comenzaron las filmaciones, dirigidos por Lucien Jaquelux con música de Carlos Gardel y Marcel Lattès. En el film Gardel interpretó el tango "Recuerdo malevo" y la canción "Quiéreme", ambas con letra de Alfredo Le Pera.

Concluida la filmación del corto, en pocos días más comenzaron los preparativos para realizar el largometraje *Melodía de arrabal*. La dirección sería de Gasnier, la música estaría a cargo de Gardel, con algunos de sus habituales colaboradores, y el libreto, una vez más, estuvo en manos de Le Pera. El elenco estaba encabezado por Carlos Gardel, Imperio Argentina y Vicente Padula. Gardel cantaba "Melodía de arrabal", "Mañanita de sol" a dúo con Imperio Argentina, "Cuando tú no estás" y "Silencio". Por su parte, Imperio Argentina interpretaba "Evocación", "No sé por qué" y "Marcha de los granaderos".

Las pretensiones artísticas de Le Pera y Gasnier parecen tener más asidero en este film, en el que logran construir un relato cinematográfico con ciertas escenas logradas. También hay un argumento más fluido y diálogos mejor estructurados y creíbles. Con la actuación de Imperio Argentina y de Vicente Padula, las interpretaciones mejoran sensiblemente, lo que potencia al mismo tiempo la de Gardel, mucho más desenvuelta. Las cuatro canciones interpretadas por él aportan la calidad musical que terminan dándole a *Melodía de arrabal* uno de los sitiales más elevados dentro de la cinematografía gardeliana. La película tuvo una repercusión enorme en todo el mundo de habla hispana y a mediados de año ya había superado el éxito de taquilla de *Luces de Buenos Aires*.

Para cuando se rodó *Melodía de arrabal*, la actividad de Paramount en Joinville declinaba. Ese año de 1932 la empresa norteamericana hacía en Francia exclusivamente versiones en un solo idioma (había abandonado el sistema de versiones múltiples). Este film fue uno de los pocos rodados en español, lo que señala la relevancia que se asignaba a Gardel.

Las causas del cese de la actividad en Joinville estuvieron vinculadas a distintas presiones, en particular del Sindicato de Artistas de Francia, que amenazó con dar de baja a los artistas que participaran en versiones francesas de películas realizadas en el exterior. Pero las razones de peso no fueron las económicas. La realidad fue que las películas que las filiales francesas de los grandes estudios norteamericanos filmaban eran de muy baja calidad y habían perdido la competencia en los mercados locales, por lo que las medidas del gobierno francés sólo representaron el golpe final.

Gardel, un artista de creciente impacto popular en el mundo de habla hispana, debió continuar su labor cinematográfica en la sede central de Paramount, en la ciudad de Nueva York. Ahí concentraría sus esfuerzos, dando por terminada su carrera artística en París, la ciudad que lo había consagrado en el plano internacional y que lo había lanzado al estrellato cinematográfico.

A modo de balance

La tecnología de la cultura de masas llegó a la Argentina como un producto importado. La invención del fonógrafo, la radio y el cine, y la expansión de las industrias norteamericanas y europeas dedicadas a comercializarlas a escala internacional no provocaron simplemente la transmisión de los productos culturales y los mensajes ideológicos de los países centrales. En un país del desarrollo social y cultural a la Argentina de comienzos del siglo XX, rápidamente fueron utilizados para la expansión de medios locales que se dedicaron a la producción discográfica con gran peso de artistas locales y a la expansión del cine y, desde 1921, de una potente radiofonía. En estos medios, la música criolla y el tango compitieron palmo a palmo con la música académica europea y con el jazz, cuya potente penetración llegó incluso a generar productos de hibridez en el propio desarrollo del tango.

Los programadores de radio desarrollaron un menú cada vez más estandarizado de ofertas que ubicaban al tango y a los melodramas gauchescos junto con los géneros cosmopolitas. La producción local de discos fue la base de la expansión del dúo criollo Gardel-Razzano a nivel nacional y el pasaje a la producción del tango cantado creado por Gardel, el cual instaló al intérprete también en América Latina, primero, y en Europa después. La radio fue otro elemento clave en la penetración de públicos masivos que recibían el crecimiento constante y en permanente evolución en calidad y cantidad del repertorio gardeliano que, manteniendo sus canciones provenientes del criollismo, supo incorporar también otros ritmos musicales de fuerte llegada popular.

Paralelamente Gardel avanzaba en el perfeccionamiento de sus capacidades como actor que se expresaban también musicalmente en la inigualable forma de interpretar las letras a las que les daba el tono exacto que reclamaba su contenido y que lo diferenciaría de otros intérpretes. Por ello su pasaje por el cine silente en uno de los melodramas criollistas de temprano desarrollo en la cinematografía argentina fue un bagaje interpretativo en temáticas que recuperaría en forma permanente en su recorrido por la cinematografía internacional y la filmación de los cortos de 1930. Asimismo, su éxito local fue una suerte de ensayo de afirmación de interpretación frente a cámaras cantando en vivo, sin *playback*, método que sabrá utilizar en sus películas internacionales, introduciendo su gestualidad junto a su canto incomparable.

En los años veinte el tango se consolidó como la música más popular de la Argentina con su capacidad de mezclar lo tradicional y lo nuevo, y representaba una identidad nacional modernizada. Su expansión en Europa y en menor medida en Estados Unidos lo legitimó no sólo en

Argentina sino también en Barcelona, en Madrid y en París, centros del espectáculo internacional. El creador y máximo representante del tango cantado encontró un enorme espacio abierto y sus actuaciones y la circulación de sus discos consolidaron su rol convocante. Con ello confluyeron momentos históricos muy favorables. La presencia de la Paramount en Joinville, el gran peso en ella de Florian Rey y de Adelqui Millar en la producción de películas en español abrieron espacios que se fortalecerían con el apoyo de la Compañía de Revistas del Teatro Sarmiento. Apoyo en el plano argumental que combinaba un rústico criollismo con el tango que, dada la hibridez cultural argentina proyectada también al exterior, se hacía creíble con las interpretaciones de Gardel, y apoyo en el elenco que además de sus interpretaciones sumaba el tono revisteril propio de estas compañías en el ambiente porteño. Entre todos generaron *Luces de Buenos Aires*, inscripta en el momento internacional inicial del cine sonoro que privilegiaba las películas musicales para superar las barreras idiomáticas.

Posteriormente la incorporación de Alfredo Le Pera, que ya había plasmado su talento en la confección de obras melodramáticas en Buenos Aires, reforzó esta veta con un desarrollo más complejo y una dirección más profesional por parte de Louis Gasnier, construyendo más nítidamente un melodrama de suburbio urbano integrado a una veta musical garantizada por la popularidad de Gardel e Imperio Argentina en este plano.

A pesar de la pesadez estética y técnica de las películas de Gasnier (escenas estáticas, decorados realistas pero pobres, diálogos remanidos y actuaciones poco convincentes), ciertos rasgos interesantes se pueden apreciar en los films que hace en Francia con Gardel. Gasnier utilizó el recurso de la canción leitmotiv, verdadera herencia del teatro y el vodevil, que cumple una función conectora en las secuencias dramáticas de una obra. En *Espérame* fue "Por tus ojos negros"; en *Melodía de Arrabal*, la canción homónima. La canción aparece una y otra vez dentro del esquema narrativo, brindando una impresión de continuidad y fortaleciendo las características esenciales del argumento.

El éxito de dichos films se apoyó entonces más en la acumulación cultural previa en los públicos de España y de los países latinoamericanos que en su calidad argumental o técnica. Pero además porque a partir de la experiencia del *Cantante de jazz* de Al Jolson y de los fallidos intentos posteriores, las compañías cinematográficas descubrieron que estos procesos se daban a través de las estrellas previamente consolidadas en la radio y en las revistas musicales (como lo fuera el propio Jolson). Éste fue claramente el caso de la trayectoria de Gardel que cristalizó la progresiva interconectividad entre el teatro musical, la industria discográfica, la radio y el cine. Carlos Gardel pasó a ser una figura del *star system*, del culto a la personalidad, culto que se transformaría en uno de los elementos fundamentales y fundacionales de la industria cinematográfica mundial.

Los éxitos cinematográficos de Gardel que se prolongarían en su producción norteamericana son producto de este período cristalizado en Joinville. Los españoles se movieron en la misma dirección a través del cine de Florian Rey que tuvo en su película *Nobleza baturra* de 1935 un gran éxito en el mundo de habla hispana apoyado en la combinación de drama y comedia, todo ello aderezado con una representación del folclore aragonés con clásicas jotas, interpretadas por la máxima estrella del momento, Imperio Argentina, a la sazón esposa del director. Ello inspiraría al director mexicano Fernando de Fuente para producir en 1936 *Allá en el rancho grande*, notable éxito que generó el género musical ranchero.

Éste fue un momento de consolidación de un cine hispanoamericano basado en actores carismáticos con celebridad previa en los discos y en la radio. Gardel fue su máxima expresión y ello se vio reflejado en los modelos iniciales del cine sonoro argentino que copiaron, en algunos casos casi linealmente, el perfil de sus películas. Además de esta influencia artística dominante, ello se reforzó específicamente por el retorno al país de varios de sus colaboradores directos en Joinville, como Luis Bayón Herrera, Manuel Romero o Daniel Tinayre que, siguiendo estas líneas, se transformarían en exitosos directores cinematográficos.

Esta etapa de Joinville fue decisiva. Que se haya minimizado en la construcción de la historia del cine argentino es notable. Ello tiene que ver, quizá, con la ignorancia de la relevancia de Gardel como intérprete y artista integral. Esperamos contribuir con este estudio a incorporar esta temática con la fuerza que reclama.

Anexos

Filmografía

Flor de durazno, 1917

Rodada en Dolores de Punilla (Córdoba) y Buenos Aires, entre junio y julio de 1917.
Argentina (1917)
50 minutos. Patria Film, Argentina.
Blanco y Negro. Silente.
MCMXVII, Patria Film.
Director: Francisco Defilippis Novoa
Productor: Federico Valle
Guión y adaptación cinematográfica: Gustavo Martinez Zuviría (Hugo Wast), basado en la novela *Flor de Durazno* (1911), del propio autor
Productor asociado: Humberto Cairo
Director de fotografía: Francisco Mayrhofer
Música: Francisco "Pancho" Martino
Montaje: Francisco Mayrhofer
Banda sonora original: *Flor de Durazno* (vals). Compuesta y producida por Francisco "Pancho" Martino, Buenos Aires, 1917
Reparto (en orden alfabético):
Rosa Bozán: Candela ("la húngara", "la bruja")
Pascual Costa: Antonio Castillo
Diego Figueroa: Germán Castillo
Carlos Gardel: Fabián
Argentino Gómez: Miguel Benavides

Aurelia Musto: doña Encarnación
Celestino Petray: padre don Filemón Rochero
Ilde Pirovano: Corina ("Rina") Castillo
Sin acreditar:
Raúl J.Ungaro, Eduardo Albarracín: Fabián y Miguel Benavides (de niños)
Francisco Americes, Silvia Parodi, María Cambe, Mariano Galé, Mayrhofer
Pre-estreno: Miércoles 28 de setiembre de 1917, en el Cine-Teatro Coliseo (Charcas 1009, Buenos Aires), en función benéfica
Estreno: Jueves 29 de setiembre de 1917, en el Cine Select (Suipacha 482, Buenos Aires)
Sinopsis: Sobre fondo negro aparece un título y un subtítulo: *"Flor de Durazno" Cinedrama de Hugo Wast*. Por medio de un fundido pasamos a una panorámica del quehacer de los troperos. A través de distintas tomas que varían desde las panorámicas hasta el plano detalle, el film presenta aspectos de la vida cotidiana del campo argentino: arreo de ganado, charlas alrededor del fogón, preparación de alimentos, etc.

Corte. Entierro de la esposa de Germán Castillo (Diego Figueroa). En un plano medio, se ve a Fabián (Carlos Gardel) cavando una fosa. Tres hombres bajan un ataúd y lo acercan a la tumba. Ayudados por Fabián, lo depositan en el interior y lo entierran.

Corte. Se ve a los bueyes que trasladan la carreta de vuelta. En planos alternados, se ve a varias personas que les dan el pésame a Germán y sus hijos; y luego parten de regreso a sus hogares. Imágenes de planos medios de los familiares mirando a lo lejos.

Hogar de los Castillo. Es de noche. Llegan el cura Filemón Rochero (Celestino Petray) a consolar a la familia y a acordar con don Germán que su hija Rina (Ilde

Pirovano) se casaría con su primo Fabián después de que éste cumpliera con el servicio militar, para el que ha sido convocado. En un primer plano, la escena registra la desazón de Rina y la sonrisa del muchacho, ya que nunca se habían dicho una palabra de amor, pero es evidente que la muchacha no le quiere.

Corte. Vemos a Fabián y a Antonio (Pascual Costa) andando a caballo. Plano y contraplano de Fabián y Rina.

Poco después Rina se topa con la bruja Candela (Rosa Bozán), quien le pide un poco de leche.

En ese punto, a través de un fundido a blanco, el relato realiza un *flashback* para mostrarnos los recuerdos de Rina, quien rememora una ocasión en que el padre Rochero le mostró el duraznero que la familia tenía sembrado. En aquel recuerdo, el padre quitaba un ramillete de flores del árbol y hacía una pequeña tiara para la niña.

Fundido a blanco. Volvemos al presente. La bruja Candela lee la mano de Rina y le asegura que no se casará con Fabián, sino con un hombre rico.

Corte. Nuevo *flashback*. Plano general de una casa elegante, de la que vemos salir a varias personas. La niña Rina mira con simpatía a un muchacho; se trata de Miguel Benavides (Eduardo Albarracín/Argentino Gómez), con quien comienza a charlar.

Pasan los días; Rina y Miguel comparten las tardes, ante la mirada resentida de Fabián (Raúl J. Ungaro). En cierta ocasión en que los niños se encontraban paseando, Fabián –que en aquella ocasión se había vestido de traje para agradarle a su prima–, corroído por los celos, se abalanzó sobre Miguel. Don Germán se interpone, empujando con violencia a Fabián.

Corte. Una imagen de una mujer vestida de blanco –probablemente la madre de Rina– mirando el duraznero, ya crecido.

Fundido a blanco. Corte al presente. Rina se niega a lo que le dice la bruja Candela y se va.

Corte. Vemos a Miguel Benavides, ya adulto, jugando a las cartas.

Corte. Llegan unos hombres a caballo. Nuevos planos muestran el mundo rural: un juego de monte, la fiesta de la Virgen, carreras cuadreras, y una fiesta gaucha donde se toma mate y se comen empanadas. Un plano detalle muestra cómo se toca en la guitarra la chacarera, y se observan distintos planos del cielo y las nubes.

Corte. Es domingo, día de misa. Primer plano de Miguel con amigos. En un *raccord* de mirada, vemos acercarse a Fabián con otros gauchos. Rina sale de la iglesia y se encuentra con Miguel. Sube a caballo y se va junto con su hermano y su padre. Fabián, también presente, recuerda –*flashback* mediante– aquella pelea que tuvieron de niños y le pide a Miguel que no interfiera en su relación con Rina. El hombre accede.

Fundido a negro. Un plano general nos muestra a Miguel andando a caballo; se dirige al rancho de los Castillo. En un primer plano, vemos cómo Rina le ofrece una taza de café y los dos coquetean. Primer plano del duraznero. Miguel parte a caballo; intercalado, vemos un primer plano de la bruja Candela que sonríe complacida.

Corte al rancho. Rina se sienta, ensimismada. Llega a caballo Fabián y la muchacha pone la pava al fuego. La pareja habla, preocupada por sus asuntos.

Corte. Llegan Germán y otro hombre y todos toman mate.

Corte. Imágenes sobreimpresas de trompetas y campanas. Fabián parte a cumplir el servicio militar: serán dos años antes de que pueda volver.

Corte a la casa de Miguel, quien fuma mientras recuerda (efecto de sobreimpresión) las palabras de Fabián y el rostro convocante de Rina. Mientras tanto, Rina deambula por el bosque, donde encuentra un pájaro herido. Lo toma en sus brazos, y en ese instante aparece Miguel, quien intenta besarla. Corte. Miguel y Rina se besan ante la anuencia de Candela.

Fundido a negro. Casa de los Benavides. Miguel, vestido de negro, se sube a caballo y sale. Se dirige a ver a Rina, a quien encuentra frente a un arroyo y le da a entender que parte. Plano medio de Rina, quien mira al cielo y se pone su mantón en la cabeza. Corte al cementerio. Un primer plano y uno general nos muestran a Rina arrodillada frente a la tumba de su madre. *Travelling* del pueblo. Corte a pulpería. Rina ingresa y se encuentra con el padre Rochero, quien la lleva de regreso a su rancho.

Interior del rancho. Germán y Rina sentados a la mesa. Plano detalle de una carta de Fabián. En ella se lee: *"Me acuerdo de todos Uds. Y si Ud. no dispone otra cosa cuantito que llegue, me casaré con Rina y nuestro rancho dará la envidia..."*

Corte. El rancho visto desde afuera. Germán, Rina y otro hombre. Mientras Fabián navega por alta mar, don Germán se ve envuelto en serios problemas legales. Un vecino le ha iniciado un juicio por sus tierras y el hombre, acongojado, acude al mundano Miguel, quien le promete estudiar el asunto. Poco después parte del pueblo de regreso a Buenos Aires. Rina sospecha que ha quedado embarazada y le confiesa a su padre que no puede casarse con su primo. Indignado, Germán le golpea y ella huye al pueblo de Villa Dolores. Un plano general nos la muestra caminando por las vías del ferrocarril, acompañada por un perro. Rina, visiblemente agotada, cae al piso varias veces.

En contraplano vemos pasar al ferrocarril. Rina se acuesta bajo unos arbustos y sueña con su madre.

Fundido a negro. Es el nuevo día. La muchacha continúa con su camino.

Corte a la estación y la ciudad. Rina, sentada en un banco, ve cómo su perro es atropellado por un automóvil. Desolada, continúa su andar. Dos mujeres de la alta sociedad, apiadadas de ella, la invitan a ingresar a su casa.

Mientras tanto, vemos al padre Rochero que, enterado de la huida de Rina, parte hacia la ciudad. Se encuentra con doña Encarnación (Aurelia Musto), la madre de Miguel. El cura le pide que la señora reconozca el daño que ha hecho su hijo al tener una aventura con Rina. La señora lo rechaza.

Corte. En varios planos generales de la ciudad, vemos caminar al padre Rochero, cabizbajo.

Corte al interior de una casa donde Rina ha conseguido trabajo como mucama. En un momento en que se halla sola, uno de los hombres de la casa intenta seducirla, sin éxito. Rina es echada a la calle.

Corte. Ha pasado el tiempo. En un plano general, vemos a Rina salir de un hospital acompañada por dos enfermeras y su hija recién nacida.

Un *travelling* de la ciudad con una sobreimpresión de Fabián, nos muestra los temores y pesares de la muchacha.

Corte. *Travelling* de Rina caminando por la calle. Llega a un conventillo, donde pide trabajo y es aceptada. Allí debe dedicarse a lavar la ropa.

Corte. Vemos a Fabián vestido de marinero, recordando a Rina (sobreimpresión). *Travelling* de imágenes de puerto, del mar y de barcos en *found footage*.

Corte a Rina. La vemos en su pensión cuidando a su niña.

Corte a la calle. Miguel Benavides se halla hablando con unas amistades cuando ve pasar a Rina con su niña. Se reconocen, pero Rina escapa. Miguel la persigue, sin éxito.

Corte a la pensión. Vemos llegar a un hombre, quien habla con la encargada y ambos ingresan a la pieza donde Rina se halla con su bebé. El hombre intenta seducirla, pero ella se niega. El hombre y la encargada de la pensión parten.

Corte a Miguel y Rina, que se encuentran en una esquina. Ella también le rechaza.

Corte. Vemos a Rina caminando por las calles con su bebé a cuestas. Va a la casa de los Benavides, con la intención de hablar con doña Encarnación, pero ésta se niega a verle.

Rina y su hija caminan por las calles, desoladas. Se encuentra con un árbol de duraznos en flor, al que la madre le arranca una rama. Ingresa a una iglesia, en donde se arrodilla y reza. Poco después cae desmayada y es socorrida por unas personas que se hallan presentes, quienes le dan dinero y le ayudan a volver a su rancho.

Corte. Estamos de vuelta en Dolores. Rina llega a la iglesia, donde el padre Rochero la recibe y la convence de volver con su padre.

Corte al rancho. En plano general, vemos a Rina llegar a la casa, que se haya visiblemente abandonada. Al volver al rancho se encuentra con la terrible noticia de que su padre se ha quedado ciego.

Interior. Rina se acerca a su padre, que primero la golpea con violencia y luego la abraza.

Corte. Llega Fabián, vestido de marino, y se encuentra con Rina, quien le dice que ha tenido una hija. Fabián, golpeado, se va, pero es convencido por el padre Rochero de que vuelva con la muchacha y se casan. Durante un tiempo las cosas parecen ir bien, e incluso Rina vuelve a quedar embarazada.

Desafortunadamente, el niño muere al nacer.

Corte. Ha pasado el tiempo. En el rancho, las cosas no marchan bien: Fabián rechaza los intentos de acercamiento de la pequeña y Rina sufre problemas de salud.

Corte a la pulpería. Allí vemos a Fabián charlar con otros hombres, quienes le dan a entender que el padre de la criatura es Miguel. Corte al rancho. Con un pequeño efecto de montaje, vemos aparecer la figura de Benavides ante los ojos de Fabián, quien intenta ahorcarle. La imagen se esfuma.

Fabián toma a la pequeña y la secuestra, se la lleva a caballo. Rina, aterrorizada, les ve irse y cae muerta.

Corte. Vemos a Miguel vestido de blanco practicar el tiro al blanco. Llega Fabián con la niña y, mientras charlan, un *flashback* sobreimpreso nos presenta el antiguo compromiso de Miguel de no interferir en la relación de la pareja. Fabián se abalanza sobre Benavides. En contraplano vemos acercarse a dos hombres a caballo y un primer plano que nos muestra a la pequeña llorando. Fabián ahorca a Miguel y huye a caballo. Los dos hombres le ven y le persiguen; le detienen.

Corte al rancho. Germán, ciego, se levanta a buscar a Rina, a quien halla muerta. El hombre arrepentido, reza.

Fundido a negro. Candela, visiblemente ebria, es atacada por unos perros y cae por un barranco; fallece en el acto.

Corte al rancho. Llega el padre Rochero con la niña y convence a Germán de que se quede con ella y la cuide.

Corte. Plano medio de Germán, la niña y doña Encarnación Benavides (todos vestidos de colores oscuros), esta última arrepentida, quiere cuidar a la niña; Germán se niega. Sin embargo, llegan a un acuerdo y la mujer podrá venir a visitarles.

Corte. Primer plano de una campana. Plano general de Germán y su nieta caminando por el camino. Un contraplano nos muestra el cementerio, a donde se dirigen los dos. La escena final nos los muestra rezando frente a las tumbas. Fin.

Algunas curiosidades:

- *Flor de durazno* fue escrita en 1911 por Martínez Zuviría en su casa sita en el barrio Dolores, en San Esteban, a quinientos metros de la ruta 38, en la provincia de Córdoba, conocida actualmente como "Casa de Hugo Wast–Flor de Durazno". El rodaje, en cambio, ocurrió en la ciudad de Villa Dolores, Córdoba.
- Según Rolando Goyaud, director del Museo de Ituzaingó *Clarisse Columbie de Goyaud,* parte de la película se filmó "en Ituzaingó, en una pulpería" (Ituzaingó es una localidad del oeste de la provincia de Buenos Aires).
- Defilippis Novoa supo escribir un diario de viaje de su estadía en Villa Dolores, al tiempo que rodaba el film. Dicho diario fue publicado en la revista *Caras y Caretas.*
- La hija de Francisco Mayrhofer también participó en el film, donde realizó un breve cameo. Aparece en una escena ambientada en la ciudad de Córdoba, cuando el perro de Rina es atropellado.
- Raúl J. Ungaro –encargado de encarnar al Fabián niño– no volvió a actuar. Tendrá en cambio una importante carrera dentro de la curia católica, donde llegará a ser Subsecretario de Culto y Beneficencia del

Ministerio de Relaciones Exteriores y Culto en el año 1938. También supo ocupar un rol directivo dentro de la orden saleciana de Don Bosco.
- María Cambe era francesa y vivía en Dolores.
- Francisco "Pancho" Isidro Martino compuso el vals *Flor de durazno*, que debía pasarse como música de acompañamiento mientras se pasaba el film en la pantalla. Martino fue cantor, compositor, compañero y amigo de Carlos Gardel desde sus comienzos. Supieron cantar a dúo así como también en forma de trío (con Razzano) y de cuarteto (Gardel, Martino, Razzano, Salinas). Gardel llevó al disco varias de sus canciones: "El Sueño", "Sanjuanina de mi amor", "Mi pañuelo bordao", "La catedrática", "Maragata", "La pueblerita", "Amame mucho", "Para quererte nací", "Mis espuelas", "Cariñito mío" y "Soy una fiera". Falleció en 1938.
- Según Razzano, cuando él y Gardel la vieron en el estreno, Carlos dijo:
  –¿Yo soy ese gordo tremebundo?
  –Y claro que sos vos –le contestó Razzano–. ¿No te estás viendo?
  –Sí, claro... yo soy el gordo ése... ¡Pero me gustaría tener ahora un par de tomates podridos pa chantárselos por el escracho!
- En 1940, *Flor de durazno* volvió a ser presentada en los cines. En el aviso publicitario del Cine Álvarez Thomas, del lunes 18 de marzo de 1940, se anunciaban las películas *Cándida* con Niní Marshall y Juan Carlos Torry (sic), *Noches de Carnaval* con Florencio Parravicini y Rosita Contreras, *Murió el sargento Laprida* con Mario Danesi y Celiz Gámez y *Flor de durazno* con Carlos Gardel e Ilde Pirovano en la versión sonora de 1940. Se lee textualmente en el anuncio: "El cine

argentino presenta una joya. La novela más humana y conmovedora con un intérprete inolvidable, en la que puso toda su alma, porque de ella dependió toda su Gloriosa (sic), aunque truncada carrera.

CARLOS GARDEL quien hace una magistral interpretación del protagonista, en el rol de **Fabián** *e* **Ilde Pirovano** *en el de RINA en la difundida novela de Hugo Wast* **FLOR DE DURAZNO** *(Versión sonora 1940) –SE VENDE UNA MUJER–".* Luego, el anuncio expone parte de la trama de la película.

Encuadres de canciones, 1930

Argentina (1930)
Cinematográfica Valle
Blanco y Negro. Sonora. Sistema Movietone
MCMXXX, Cinematográfica Valle
Rodada en la ciudad de Buenos Aires, México 832, entre el 23 de octubre y el 3 de noviembre de 1930
Director y productor ejecutivo: Eduardo Morera
Productor general: Federico Valle
Productor asociado: Francisco Canaro
Iluminación: Antonio Merayo
Sonido: Ricardo Raffo y Roberto Schmidt.
Banda sonora original
Reparto (en orden alfabético):
Francisco Canaro, Arturo De Nava, Armando Discépolo, Celedonio Flores, Carlos Gardel, Ireneo Leguisamo,
Sin acreditar: Riverol, Guillermo Barbieri, José María Aguilar.

Viejo Smoking

Tango, 1930

Música: José María Aguilar
Letra: Celedonio Esteban Flores

Campaneá cómo el cotorro va quedando despoblado
todo el lujo es la catrera compadreando sin colchón
y mirá este pobre mozo cómo ha perdido el estado,
amargado, pobre y flaco como perro de botón.

Poco a poco todo ha ido de cabeza p'al empeño
se dio juego de pileta y hubo que echarse a nadar...
Sólo vos te vas salvando porque pa' mi sos un sueño
del que quiera Dios que nunca me vengan a despertar.

Viejo smocking de los tiempos
en que yo también tallaba...
¡Cuánta papusa garaba
en tus solapas lloró!
Solapas que con su brillo
parece que encandilaban
y que donde iba sentaban
mi fama de gigoló.

Yo no siento la tristeza de saberme derrotado
y no me amarga el recuerdo de mi pasado esplendor;
no me arrepiento del vento ni los años que he tirado,
pero lloro al verme solo, sin amigos, sin amor;
sin una mano que venga a llevarme una parada,
sin una mujer que alegre el resto de mi vivir...
¡Vas a ver que un día de éstos te voy a poner de almohada
y, tirao en la catrera, me voy a dejar morir!

Viejo smocking, cuántas veces
la milonguera más papa
el brillo de tu solapa

de estuque y carmín manchó
y en mis desplantes de guapo
¡cuántos llantos te mojaron!
¡cuántos taitas envidiaron
mi fama de gigoló!

Dirección: Eduardo Morera
Guión: Enrique Maroni
Reparto: Carlos Gardel, César Fiaschi, Inés Murray
Estreno: 3 de mayo de 1931 en el cine Astral, como complemento del film Ángeles del infierno de Artistas Unidos.

Se ve un cartel sobre fondo negro que dice "Viejo Smoking" y debajo "Letra de Celedonio Esteban Flores", "Música de José María Aguilar".

Esfumado a negro. En off se escucha la música de *Viejo Smoking*. Plano general de una habitación humilde. A la izquierda se ve a Carlos Gardel, sentado sobre una silla con la cabeza inclinada sobre un escritorio.

Corte. Plano general de Manuela de espaldas a la cámara (Inés Murray), golpeando la puerta. Corte. Interior de la habitación. En un plano americano, vemos a Gardel sentado y fumando. Dice "adelante".

En contraplano, Manuela pregunta si puede entrar. Corte al interior. Plano medio de Gardel, quien reconoce la voz de la muchacha y le da permiso para ingresar. Corte a Manuela, en plano medio ya adentro de la habitación, con dudas porque tiene "miedo de que usted se abuse". Corte a Gardel, quien juega al solitario, indiferente a la insinuación.

Corte. Plano americano de Manuela, quien ingresa definitivamente.

–Aquí le traigo el recibo del alquiler por cuarta vez –dice Manuela con acento claramente español–, y dice la patrona que si no paga, tucará el tango del desalojo.
　　Corte. Plano americano de Gardel.
–Total, no le debo más que tres meses, y el que va corriendo –se justifica el hombre.
–Es que dice que va corriendo demasiado, y que a ella las carreras no le seducen...
–Y bueno, ¿qué querés que le haga? –replica el personaje de Gardel. Ya he agotado todos los recursos. Sin empleo, sin amigos y sin nada que empeñar.
　　Corte a plano general. Gardel se levanta de la mesa y avanza junto a Manuela.
–Es que yo no veo más que dos caminos –contesta la muchacha.
–Decime uno.
–O paga y se queda, o no paga y se va.
–¡Siempre la misma milonga!
–Es que aquí se debe el alquiler. Se debe el teléfono. Me deben a mí, que no me puedo hacer la permanente.
Acto seguido ingresa un amigo [César Fiaschi] quien, contradiciendo el tinte dramático de Gardel, no deja de sonreír ante la situación:
–Hola perdido, ¿qué tal, cómo te va?
Se acerca a Gardel, a quien le estrecha la mano.
–Con una tragedia, hermano –responde Carlos. Contale, Manuela.
　　Corte. Plano medio de Manuela y el recién llegado.
–Le han aplicado el bando del desalojo.
　　Corte. Plano medio invertido de Gardel y el amigo.
–Pero che, no acertamos ni una. ¿Y a mí que me dejaron cesante? Y eso que también fui revolucionario.
　　Corte. Plano general.
–Bueno, don Carlos, ya sabe...

–Sí hombre: o paga o se queda. Dejame tranquilo, ¿Querés, por favor? Andate.
　Corte. Plano medio de Manuela.
–¡Pobrecitos: que paterío abundante que tienen! –dice la joven, y sale.
　Corte. Plano general de la habitación.
　Corte. Plano medio invertido.
–Che –dice el amigo. ¿Y cómo salimos del pantano?
–No sé qué hacer hermano, no sé. Fijate: no tengo más que boletas de empeño.
–Empeñalas.
–Pero si son boletas de boletas, hombre...
–¿Por qué no vendés un traje? –insiste.
–No tengo más que el puesto y fíjate cómo está.
　Corte. Plano general.
–Estamos listos, viejo –dice el amigo.
　Corte. Primer plano de Gardel, que prepara un cigarrillo. En forma extra diegética, se escucha al amigo silbando el tango *El ciruja*.
　Corte. Primer plano del amigo, que se arregla la corbata frente al espejo y silba. Abre el ropero para ponerse una corbata.
–Ja ja, sí que estamos arreglados.
Accidentalmente encuentra un esmoquin en el ropero.
–Che, ¿y esto? ¿Por qué no vendés el esmoquin?
　Corte. Plano americano de Gardel y el amigo.
–No, che. Eso no.
　Corte. Nuevo plano americano de ambos.
–No, viejo. ¿Vos sabés el cariño que tengo por esta prenda?
–Después lo sacamos.
–No podría separarme de él. En la historia de mis mejores aventuras de amor, él fue el testigo fiel. ¡Cuánta pebeta linda se afirmó en ese brazo, en las vueltas de un tango!

¡Cómo sintió ese esmoquin el latir de mi corazón, apresurado por las emociones del primer beso! Separarme de él, sería como si me arrancasen un pedazo de vida.
–¡Pero che!
–No, querido. Nunca me separaré de él.
    Corte. Plano medio de Gardel. Con la prenda entre sus manos, recita mirando a cámara, con música de la orquesta en off: Viejo esmoquin de los tiempos/ en que yo también tallaba,/ ¡Cuánta papusa garaba/ en tus solapas lloró!/ Solapas que con su brillo,/ parece que encandilaban/ y que, en donde iba, sentaban/ mi fama… de gigoló".
    Corte. Primer plano de Gardel. Comienza a cantar, con la orquesta en off.

Padrino Pelao

Tango, 1930
Música: Enrique Delfino
Letra: Julio Cantuarias

¡Saraca, muchachos, dequera un casorio!
¡Uy Dio, qué de mink, 'ta todo alfombrao!
Y aquellos pebetes, gorriones de barrio,
acuden gritando: ¡Padrino pelao!

Al barrio alborotan con su algarabía;
allí, en la vereda, se ve entre el montón,
el rostro marchito de alguna pebeta
que ya para siempre perdió su ilusión.

Y así, por lo bajo,
las viejas del barrio
comentan la cosa
con admiración:

"¿Ha visto, señora,
qué poca vergüenza?
¡Vestirse de blanco
después que pecó!"

Y un tano cabrero
rezonga en la puerta
porque a un cajetiya
manyó el estofao:

"Aquí, en esta casa,
osté no me entra.
Me son dado coenta
que osté es un colao."

¡Saraca, muchachos, gritemos más fuerte!
¡Uy Dio, qué amarrete! Ni un cobre ha tirao…
¡Qué bronca, muchachos! Se hizo el otario.
¡Gritemos, Pulguita! ¡Padrino pelao!

Y aquella pebeta que está en la vereda
contempla con pena a la novia al pasar.
Se llena de angustia su alma marchita
pensando que nunca tendrá el blanco ajuar.

Y así, por lo bajo,
las viejas del barrio… etc

Padrino pelao trata la historia de un casamiento en un barrio humilde, con los comentarios de la gente que vive en la zona. A lo largo del tango, Carlos Gardel interpreta varios personajes, como ser los muchachos del barrio que quieren colarse en la fiesta sin éxito (y de allí que gritan "padrino pelao", haciendo referencia a que quien financió la boda como poco generoso), las señoras de la cuadra que descalifican a la novia por casarse de blanco "después que pecó" y a un inmigrante italiano que descubre a un joven intentando filtrarse en la boda.

Sobre fondo negro, plano americano de Gardel sentado y vestido de smoking con guitarra. Carlos interpreta. En off se escuchan otras guitarras que hacen acompañamiento. Hacia el final del tema, Gardel es interpelado por una voz en off que pregunta: "¿Por qué, Don Antonio, no me deja entrar?", a lo que el cantor responde en una suerte de cocoliche, mirando hacia el supuesto lugar de donde viene la voz: "Me son dado cuenta, eh, que osté es un colao" ("me he dado cuenta de que usted es un colado").

Yira Yira

Tango, 1930
Música: Enrique Santos Discépolo
Letra: Enrique Santos Discépolo

Cuando la suerte qu' es grela,
fayando y fayando
te largue parao;
cuando estés bien en la vía,
sin rumbo, desesperao;
cuando no tengas ni fe,
ni yerba de ayer
secándose al sol;
cuando rajés los tamangos
buscando ese mango
que te haga morfar...
la indiferencia del mundo
–que es sordo y es mudo–
recién sentirás.

Verás que todo es mentira,
verás que nada es amor,
que al mundo nada le importa...
¡Yira!... ¡Yira!...
Aunque te quiebre la vida,
aunque te muerda un dolor,
no esperes nunca una ayuda,
ni una mano, ni un favor.

Cuando estén secas las pilas
de todos los timbres
que vos apretás,
buscando un pecho fraterno
para morir abrazao...
Cuando te dejen tirao
después de cinchar
lo mismo que a mí.
Cuando manyés que a tu lado
se prueban la ropa
que vas a dejar...
Te acordarás de este otario
que un día, cansado,
¡se puso a ladrar!

 Se ve un cartel sobre fondo negro que dice "Yira yira" y debajo "Música y Letra de Enrique Santos Discepolo". Se escucha en off la introducción del tango.
 Esfumado a negro. Plano americano de Discépolo (de saco y corbata) y Carlos Gardel (de smoking), que ingresan por ambos lados de la pantalla sobre un fondo de cortinas negras. Se dan la mano.
–¡Carlos!
–¡Enrique! ¿Cómo te va?
–Bien, ¿y a ti?

–Decime, Enrique. ¿Qué has querido hacer con el tango Yira yira?
–¿Con Yira yira?
–Eso es.
–Una canción de soledad y de desesperanza.
–Hombre, así lo he comprendido yo.
–Por eso es que lo cantas de una manera admirable.
–Pero el personaje es un hombre bueno, ¿verdad?
–Sí. Es un hombre que ha vivido la bella esperanza de la fraternidad durante cuarenta años y de pronto, un día, a los cuarenta años, se desayuna conque los hombres son unas fieras.
–Pero dices cosas amargas...
–Carlos, no pretenderás que diga cosas divertidas un hombre que ha esperado cuarenta años para desayunarse.
–¡Puuh!
Corte. Plano medio de Gardel con guitarra. Detrás en segundo plano, se ven a Aguilar y Barbieri, guitarristas del cantor. Gardel, sentado de tres cuartos, canta "Yira Yira".
Corte. Primer plano de Gardel. Canta la segunda parte de la canción. Esfumado a negro. Fin.

El carretero

Canción criolla, 1894
Letra y Música: Arturo de Nava

No hay vida más desgraciada
que la del pobre carrero,
con la picana en la mano
picando al buey delantero.
(hablado)
Cola Blanca,
Pertiguero.

Compañero de mi vida,
cuidado con ese pozo,
no volquemos la carreta
píqueme ese buey.
(hablado)
Barro buey,
Cola Blanca,
Hueya Nevao.

Compañero de mi vida,
cuidado con esa zanja
no se le encaje la rueda
píqueme ese buey Cola Blanca.
(hablado)
Cola Blanca,
Zaraza
Pertiguero.

Salí de Montevideo
en dirección a mi casa
mi mujer estará diciendo:
mi marido trae zaraza.
(hablado)
Zaraza buey,
Cola Blanca,
Lomo Overo.
Husch, husch... viejo buey. Pertiguero.

 Se ve un cartel sobre fondo negro que dice "El carretero" y debajo "Música y Letra de Arturo Navas".
 Esfumado a negro. En off se escucha la música de "El carretero". Plano americano de Arturo Navas y Carlos Gardel sobre un fondo de cortinas negras. Se dan la mano.

–Bueno, gracias, tengo mucho que agradecerte –dice Navas. Que te hayas acordado de este pobre viejo y que hayas sacao este mancarroncito criollo que estaba enterrado en el potrero del olvido, para que estas nuevas generaciones se den cuenta lo que es el olor a pasto y olor a fogón, hermano.
–Navas, yo no he hecho más que interpretar en lo posible tu canción... (gira mirando a cámara) Y que el público juzgue.

Corte. Plano medio de Gardel con guitarra. Detrás en segundo plano, se ven a Aguilar y Barbieri, guitarristas del cantor. Gardel, sentado de tres cuartos, canta *El carretero*. Fin.

Añoranzas

Vals, 1930
Música y Letra: José María Aguilar

El cierzo helado mató las flores
que florecieron en mi rosal,
y de los tientos de mis amores,
solo y desierto está el barandal.
Está en el patio la misma fuente
que mis canciones logró escuchar,
pero a su vera, con voz doliente,
el cruel invierno viene a cantar.

Las golondrinas que ayer tejieron
su amante nido, lleno de amor,
se consultaron y ya se fueron
hacia otros climas de más calor.
Los copos blancos van sepultando
todo lo hermoso, todo el amor,
y ya en las almas está cantando
la musa triste, la del dolor.

Pero el invierno, con su tristeza,
pronto el reinado terminará,
vendrán de nuevo esas bellezas
y el mundo entero feliz se reirá.
El alma mía, flor delicada,
no ha sucumbido ante el dolor,
porque se sabe de ti adorada,
porque la cuida siempre tu amor.

    Se ve un cartel sobre fondo negro que dice "Añoranzas" y debajo "Letra y Música de José María Aguilar".
    Esfumado a negro. Plano medio de Gardel con guitarra. Detrás en segundo plano, se ven a Aguilar, Barbieri y Riverol, guitarristas del cantor. Gardel, sentado de tres cuartos, canta. Esfumado a negro. Fin.

Rosas de otoño

Vals, 1923
Música: Guillermo Barbieri
Letra: José Rial

Tu eres la vida, la vida dulce,
llena de encantos y lucidez;
tú me sostienes y me conduces
hacia la cumbre de tu altivez.

Tú eres constancia, yo soy paciencia;
tú eres ternura, yo soy piedad
Tú representas la independencia,
yo simbolizo la libertad.

Tú bien lo sabes que estoy enfermo
y en mi semblante claro se ve

que ya de noche casi no duermo,
no duermo nada ¿sabes por qué?

Porque yo sueño cómo te aprecio,
de que a mi lado te he de tener...
Son sueños malos, torpes y necios,
pero, mi vida, ¡qué voy a hacer!

Yo sufro mucho, me duele el alma
y es tan penosa mi situación
que muchas veces, por buscar calma,
llevo mis dedos al diapasón...

De tu desprecio nunca hagas gala
porque, si lo haces, ¡pobre de mí!...
Quereme siempre, no seas tan mala...
Vamos, ingrata, ¡no seas así!

Esfumado a negro. En off se escucha la música de *Rosas de otoño*. Plano americano de Francisco Canaro y Carlos Gardel sobre un fondo de cortinas negras. Se dan la mano.
–Hola Carlos, ¿qué tal?
–Como siempre, hermano. Defendiendo nuestro idioma, nuestras costumbres y nuestras canciones con la ayuda del film sonoro argentino.
–Yo por mi parte te acompañaré con mi orquesta y haré lo imposible para que nuestras canciones sigan triunfando en el mundo entero.
–Muy bien, viejo. ¿Largamos esta carrera?
–Larguemos ¡Qué suene la campana! –dice Canaro, y sale de cámara
–Listo el pollo nomás.

Corte. Plano medio de Gardel de frente a cámara. Carlos interpreta el vals. Al finalizar, Gardel hace una venia hacia los costados de la cámara. Esfumado a negro. Fin.

Tengo miedo

Tango, 1928
Música: José María Aguilar
Letra: Celedonio Flores

En la timba de la vida me planté con siete y medio,
siendo la única parada de la vida que acerté.
Yo ya estaba en la pendiente de la ruina, sin remedio,
pero un día dije planto y ese día me planté.

Yo dejé la barra rea de la eterna caravana,
me aparté de la milonga y su rante berretín;
con lo triste de mis noches hice una hermosa mañana:
cementerio de mi vida convertido en un jardín.

Garsonier, carreras, timbas, copetines de vicioso
y cariños pasajeros… Besos falsos de mujer…
Todo enterré en el olvido del pasado bullicioso
por el cariño más santo que un hombre pueda tener.

Hoy, ya vés, estoy tranquilo… Por eso es que, buenamente,
te suplico que no vengas a turbar mi dulce paz;
que me dejes con mi madre, que a su lado, santamente,
edificaré otra vida, ya que me siento capaz.

Te suplico que me dejes, tengo miedo de encontrarte,
porque hay algo en mi existencia que no te puede olvidar…
Tengo miedo de tus ojos, tengo miedo de besarte,
tengo miedo de quererte y de volver a empezar.

Sé buenita... No me busques... Apartate de mi senda...
Tal vez en otro cariño encontrés tu redención...
Vos sabés que yo no quiero que mi chamuyo te ofenda...
¡Es que tengo mucho miedo que me falle el corazón!

Sobre fondo negro, plano medio de Gardel sentado y vestido de smoking con guitarra. Carlos interpreta *Tengo miedo*. En off se escuchan otras guitarras que hacen acompañamiento. Al finalizar, Gardel hace una venia hacia los costados de la cámara. Esfumado a negro. Fin.

Mano a mano

Tango, 1923
Música: José Razzano/Carlos Gardel.
Letra: Celedonio Flores.

Rechiflado en mi tristeza, te evoco y veo que has sido
en mi pobre vida paria sólo una buena mujer.
Tu presencia de bacana puso calor en mi nido,
fuiste buena, consecuente, y yo sé que me has querido
como no quisiste a nadie, como no podrás querer.

Se dio el juego de remanye cuando vos, pobre percanta,
gambeteabas la pobreza en la casa de pensión.
Hoy sos toda una bacana, la vida te ríe y canta,
los morlacos del otario los jugás a la marchanta
como juega el gato maula con el mísero ratón.

Hoy tenés el mate lleno de infelices ilusiones,
te engrupieron los otarios, las amigas y el gavión;
la milonga, entre magnates, con sus locas tentaciones,
donde triunfan y claudican milongueras pretensiones,
se te ha entrado muy adentro en tu pobre corazón.

Nada debo agradecerte, mano a mano hemos quedado;
no me importa lo que has hecho, lo que hacés ni lo que harás...
Los favores recibidos creo habértelos pagado
y, si alguna deuda chica sin querer se me ha olvidado,
en la cuenta del otario que tenés se la cargás.

Mientras tanto, que tus triunfos, pobres triunfos pasajeros,
sean una larga fila de riquezas y placer;
que el bacán que te acamala tenga pesos duraderos,
que te abrás de las paradas con cafishos milongueros
y que digan los muchachos: Es una buena mujer.
Y mañana, cuando seas descolado mueble viejo
y no tengas esperanzas en tu pobre corazón,
si precisás una ayuda, si te hace falta un consejo,
acordate de este amigo que ha de jugarse el pellejo
pa'ayudarte en lo que pueda cuando llegue la ocasión.

    Sobre fondo negro y los acordes en off del tango *Mano a mano*, se ve un cartel que dice "Mano a mano". Abajo, otra leyenda indica "Música de Carlos Gardel y José Razzano" Y debajo "Letra de Celedonio Esteban Flores".
    Fundido a negro. A la derecha de la pantalla, aparecen Gardel y Flores. Se observa que van caminar hacia cámara y dudan, esperando una señal. Finalmente, avanzan hacia el centro de la escena, con Gardel vestido de smoking y Flores de traje y corbata.
–¿Qué decís Carlitos?
–Contento hermano de haber colaborado con vos en el hermoso tango "Mano a mano" y ser el primero en interpretarlo en film sonoro.
–Y yo viejo, encantado del artista y del amigo.
–¡Gracias viejo!

Corte. Plano medio de Gardel con guitarra. Detrás en segundo plano, se ven a Aguilar, Barbieri y Riverol, guitarristas del cantor. Gardel, sentado de tres cuartos, canta. Esfumado a negro. Fin.

Enfundá la mandolina

Tango, 1930
Música: Francisco Pracánico
Letra: José Zubiría Mansilla

Sosegate que ya es tiempo de archivar tus ilusiones,
dedicate a balconearla que pa' vos ya se acabó
y es muy triste eso de verte esperando a la fulana
con la pinta de un mateo desalquilado y tristón.
No hay que hacerle, ya estás viejo, se acabaron los programas
y hacés gracia con tus locos berretines de gavión.
Ni te miran las muchachas y si alguna a vos te habla
es pa' pedirte un consejo de baqueano en el amor.

Qué querés, Cipriano,
ya no das más jugo.
Son cincuenta abriles
que encima llevás.
Junto con el pelo
que fugó del mate
se te fue la pinta
que no vuelve más.

Dejá las pebetas
para los muchachos,
esos platos fuertes
no son para vos.
Piantá del sereno,

andate a la cama
que después, mañana,
andás con la tos.

Enfundá la mandolina, ya no estás pa'serenatas,
te aconseja la minusa que tenés en el bulín,
dibujándote en la boca la atrevida cruz pagana
con la punta perfumada de su lápiz de carmín...
Han caído tus acciones en la rueda de grisetas
y al compás del almanaque se deshoja tu ilusión,
y ya todo te convida pa'ganar cuartel de invierno
junto al tuego del recuerdo a la sombra de un rincón.

Sobre fondo negro y los acordes en off del tango *Mano a mano*, se ve un cartel que dice "Enfunda la mandolina". Abajo, otra leyenda indica "de: Francisco Pracanico".

Sobre fondo negro, plano medio de Gardel sentado y vestido de smoking con guitarra. Se ve al cantor esperar una señal de fuera de cámara. Carlos, vestido de smoking y con una guitarra, interpreta *Enfundá la mandolina*. En off se escuchan otras guitarras que hacen acompañamiento. Al finalizar, Gardel hace una venia hacia los costados de la cámara. Esfumado a negro. Fin.

Canchero

Tango, 1930
Música: Arturo De Bassi
Letra: Celedonio Flores

Para el record de mi vida sos una fácil carrera
que yo me animo a ganarte sin emoción ni final.
Te lo bato pa' que entiendas en esta jerga burrera
que vos sos una "potranca" para una "penca cuadrera"
y yo –¡che, vieja!– ya he sido relojiao pa'l Nacional...

Vos sabés que de purrete tuve pinta de ligero.
¡Era audaz, tenía clase, era guapo y seguidor!
Por la sangre de mi viejo salí bastante barrero
y en esa biaba de barrio figuré siempre primero
ganando muchos finales a fuerza de corazón.

El cariño de una mina que me llevaba doblao
en malicia y experiencia me sacó de perdedor.
Pero cuando estuve en peso y a la monta acostumbrado,
¡que te bata la percanta el juego que se le dio!

Ya, después, en la carpeta, empecé a probar fortuna
y muchas veces la suerte me fue amistosa y cordial...
Otras veces salí seco a chamuyar con la luna,
por las calles solitarias del sensiblero arrabal...

Me hice de aguante en la timba y corrido en la milonga,
desconfiao en la carpeta, lo mismo que en el amor...
Yo he visto venirse al suelo sin que nadie lo disponga
cien castillos de ilusiones, por una causa mistonga
y he visto llorar a guapos por mujeres como vos.

Ya ves, que por ese lado vas muerta con tu espamento...
Yo no quiero amor de besos, yo quiero amor de amistad.
Nada de palabras dulces, nada de mimos ni cuentos:
yo quiero una compañera pa'batirle lo que siento
y una mujer que aconseje con criterio y con bondad.

    Plano medio de Gardel con guitarra y vestido de smoking. Detrás en segundo plano, se ven a Aguilar, Barbieri y Riverol, guitarristas del cantor. Los cuatro realizan una introducción instrumental.

Corte. Plano medio de Gardel, pero más cercano. El cantor, sentado de tres cuartos, interpreta el tango. Esfumado a negro. Fin.

El quinielero

Tango, 1930
Música: Luis Cluzeau Mortet
Letra: Roberto Aubriot Barboza

Ya no solo el verdulero
con su canto matinal,
que nos despierta ofreciendo,
su mercancía especial.
Hoy lo imita el quinielero
con su promesa temprana,
diciendo que hay "vento" fresco
tres veces a la semana.
En su pregón el vocero
dice con tono formal.
¡Quinielero!
Patrona, ¿quiere jugar?…
Hoy en Córdoba tenemos
y mañana en Tucumán,
y para desquite el viernes
se juega la nacional…
Yo tanto lo llevo al cráneo
redoblona o escalera,
apúntese un numerito
y verá como es primera.
Si usted me acierta, le juro
patrona, que va a cobrar,
porque mi capitalista
es ventudo y es bacán.

Un forastero del norte
se levantó un capital
(cuando salió el cero siete)
pucha que nos tuvo mal.
Y todavía hay gilastros
que nos tiran a embocar,
sabiendo que es juego noble
¡que es industria nacional!
Y si no embocan ¡qué importa!
Yo les digo la verdad...

¡Ilusiones!
y alguna vez realidá,
y por último el consuelo
de aquel refrán decidor:
El que anda mal en el juego
no erra una en el amor...

Plano medio de Gardel con guitarra y vestido de smoking. Detrás en segundo plano, se ven a Aguilar, Barbieri y Riverol, guitarristas del cantor. El cantor, sentado de tres cuartos, interpreta el tango. Esfumado a negro. Fin.

Leguisamo solo

Tango, 1925
Letra y música: Modesto Papavero

Alzan las cintas; parten los tungos
como saetas al viento veloz...
Detrás va el Pulpo, alta la testa
la mano experta y el ojo avizor.
Siguen corriendo; doblan el codo,
ya se acomoda, ya entra en acción...
Es el maestro el que se arrima

y explota un grito ensordecedor.

¡Leguisamo solo!
gritan los nenes de la popular.
¡Leguisamo solo!
fuerte repiten los de la oficial.
¡Leguisamo solo!
ya está el puntero del Pulpo a la par.
¡Leguisamo al trote!
y el Pulpo cruza el disco triunfal.

No hay duda alguna, es la muñeca,
es su sereno y gran corazón
los que triunfan por la cabeza
en gran estilo y con precisión.
Lleva los pingos a la victoria
con tal dominio de su profesión
que lo distinguen con mucha gloria,
mezcla de asombro y de admiración.

Algunas curiosidades:

- Sobre el final, y tras el último acorde de *El carretero*, la cámara presenta un movimiento de izquierda a derecha, como si al camarógrafo la hubiera soltado.
- En el tango *Mano a mano*, se ve que Celedonio Flores y Gardel dudan antes de avanzar hacia la escena, avanzando y retrocediendo.
- En varios cortos se ve que Gardel espera una señal del director fuera de cámara.
- Algunas de las luces que se utilizaron para iluminar fueron tomadas de barcos de ultramar.
- Arturo de Nava –que se hacía llamar artísticamente como "Arturo Navas"–, hijo del payador Juan de Nava y payador él mismo, se atribuyó la autoría de la

canción. En una entrevista concedida a la revista el Hogar en 1927, aseguró: "Yo la hice en el 94. Empecé a cantar con ella." Navas la grabó en 1905. Gardel la grabó junto con Razzano en 1922 para Odeón, con el número 18047.
- "El quinielero" estuvo perdido durante años. Recientemente, se supo que hay una copia en manos de coleccionistas. Un breve fragmento del mismo se pudo ver en televisión.
- "Leguisamo solo" aparentemente fue uno de los filmados en los encuadres de canciones y perdido en la post-producción. Según los testimonios, Irineo Leguisamo –jockey y amigo de Gardel– dialogaba con Carlos y luego el cantor desarrollaba su interpretación.

Luces de Buenos Aires, 1931

Rodada en los estudios Paramount de Joinville, París, en mayo de 1931
Producción: Paramount
Dirección: Adelqui Millar
Argumento: Manuel Romero y Luis Bayón Herrera
Fotografía: Ted Palhe
Música: Gerardo Matos Rodríguez
Coreografía: Nicolás Mizin
Escenografía: Andrés Heuze.
Intérpretes: Carlos Gardel (Anselmo Torres), Sofía Bozán (Elvira del Solar), Gloria Guzmán (Rosita del Solar), Vicente Padula (Ciriaco), Pedro Vicente Ernesto Quartucci (Pablo Soler), Carlos Martínez Baena (Empresario teatral), Manuel Kuindós (Alberto Villamil), Jorge Infante Biggs (Romualdo), Marita Ángeles (Lily), Jose Argüelles (Secretario), Guillermo Desiderio Barbieri (gaucho, guitarrista 1º), Ángel Domingo Riverol (Pedro, guitarrista 2º), Pureza Antoñita Colomé Ruiz (coros, baile), Victoria Corbane

(coros, baile), Ramón Isaac Espeche (balarín típico riollo), Haydée Rodríguez (1º bailarina folklórica), Elena Bozán (1º bailarina), Cleo Palumbo (1º bailarina).
La presentación del film también incluía a "Las 16 bellezas criollas" que trabajaban para la compañía de Bayón-Herrera, aunque dos de ellas regresaron a Buenos Aires sin participar de la película.
Sala y fecha de estreno en Buenos Aires: Cine Capitol, 23 de septiembre de 1931
Carlos Gardel interpreta los siguientes temas:
Acompañado en guitarras por Guillermo Barbieri y Ángel Domingo Riverol: "El rosal", canción (G. Matos Rodríguez-M. Romero)
Acompañado por Julio De Caro en violín, Pedro Laurenz en bandoneón y Francisco de Caro en piano: "Tomo y obligo", tango (C. Gardel-M. Romero)
Sinopsis: Sobre fondo negro, vemos un cartel que indica: "Los Estudios Paramount presentan *Luces de Buenos Aires*". Más abajo dice "con Carlos Gardel Sofía Bozan – Gloria Guzman", en ese orden. Más abajo se puede leer "Sobre la obra original de Manuel Romero y Luis Bayón Herrera" y finalmente, "Impresión de sonido procedimiento 'Western Electric'". En off, se escucha un foxtrot incidental, que anticipa elementos musicales del film.

Fundido. Segundo cartel: "Dirección de Adelgui Millar".

Fundido. El tercer cartel nos indica "Música típica de Matos Rodríguez con el concurso de Julio de Caro y su Orquesta Típica Argentina" (el nombre de Julio de Caro está resaltado). Y más abajo: "Fotografía de Ted Pahle".

Fundido. El siguiente cartel nos presenta a los intérpretes, en este orden: "Carlos Gardel, Sofía Bozan, Gloria Guzman, Pedro Quartucci, Kuindos, Marita Angeles, Vicente Padula, Jorge Infante, Jose Agueras y Las 16 bellezas criollas".

Fundido a negro.

Corte. Es de noche. Sobre un primer plano de un alambrado de estancia, vemos acercarse las luces de un vehículo. Corte a un primer plano de la rueda, que se atasca en el barro. Corte al interior del vehículo. En un plano americano, vemos al chofer y a los ocupantes del auto, que se lamentan y discuten por el accidente.

Plano general del chofer intentando desatascar la rueda y los ocupantes del auto siguen discutiendo. Detectan una luz a lo lejos y el dueño del vehículo hace que su chofer le lleve en andas hasta cruzar la cerca.

Plano americano del auto. Uno de los ocupantes baja en andas a la dama.

Plano general del auto y de los viajantes, el empresario teatral (Carlos Martínez Baena), su secretario (José Arguelles) y Lily (Marita Ángeles), esposa del primero. La cámara les sigue en un *travelling* hasta el casco de la estancia, donde se ven luces, ruidos de fiesta y perros ladrando. Mientras discuten, comentan que están buscando a una cancionista que le recomendaron al secretario.

Plano medio de los tres viajeros, que llegan a una ventana de la estancia tras escapar de los perros.

En un *raccord* de mirada de los viajeros, vemos el interior de la sala, donde un niño pequeño (en realidad se trata de una niña, de nombre Gloria Fernández, de 2 años) baila al compás de una música folclórica interpretada por guitarras.

Plano general de dos bailarines, danzando con pañuelos una especie de zamba. Otro plano general de los bailarines. La cámara realiza un *travelling* para mostrarnos a los guitarristas y al resto de los presentes, todos ataviados como gauchos.

Plano de los dos bailarines. El hombre realiza un zapateo, mientras la muchacha agita su pañuelo alrededor.

Vista en plano general de los viajeros, que siguen observando por la ventana y son acosados por los perros. En forma alternada, vemos a los bailarines en el interior, que continúan su número. En un plano general, vemos al niño hacer un par de morisquetas.

En contraplano observamos desde el interior a través de la ventana, donde están los tres visitantes mirando. Plano general de la fiesta, con un *travelling* alrededor de los bailarines. Nuevo plano medio de los curiosos, esta vez desde un *raccord* de mirada de los perros que les ladran.

Plano del niño realizando un breve zapateo. Nuevo plano de los bailarines, que continúan danzando, alternado con el niño que hace piruetas.

Plano general de la casa, vista desde afuera. La canción finaliza.

Interior de la estancia. En plano general vemos a uno de los gauchos que escucha el ladrido de los perros y se alarma. Contraplano de los viajeros que siguen mirando por la ventana.

El gaucho sale a ver y descubre a los extraños. Contraplano desde el exterior. El hombre calla a los perros e invita a pasar a los visitantes. Plano medio de los tres ingresando a la casa. Plano del interior, donde el dueño del automóvil explica la situación. A través de un *travelling*, y luego de la aceptación de los presentes, vemos cómo los viajantes buscan sillas para observar la fiesta. Contraplano de los músicos y presentes que miran con cierta desconfianza a los recién llegados. Plano americano de los visitantes que comentan entre sí "El campo es hermoso, pero me gusta más Buenos Aires". Plano medio de la mujer, que se horroriza del lugar al que han llegado. El secretario (José Arguelles), por su parte, le advierte a su patrón que se hallan en presencia de la mujer que buscaban.

Plano medio de una mujer que, ante el pedido de la dueña de la estancia (fuera de cámara), les sirve un mate a los visitantes. Plano general de la mujer que ceba mate junto con dos muchachas de campo, ataviadas con trenzas y vestidos de fiesta.

Nuevo plano de los visitantes, a quienes una de las mozas les acerca un mate. Los tres rehúsan. Primer plano de un gaucho que les dice que no desprecien, mientras afila amenazadoramente su cuchillo. El propietario del automóvil, asustado, acepta el mate.

Plano general de los visitantes. Preguntan por la muchacha que canta. Una voz en off contesta: "Sí, esa es Elvira. A ver Elvira, cantá".

Contraplano con Elvira del Solar (Sofía Bozán), quien toma una guitarra y canta.

Plano general de los concurrentes escuchándola, que se alterna con primeros planos de la chica, de sus guitarristas y de los visitantes.

Corte. En un plano general vemos por primera vez a Anselmo (Carlos Gardel), sentado afuera de la estancia, al lado de un fogón.

La canción termina. El empresario se levanta y felicita a Elvira, a quien le augura un futuro en el teatro.

Plano medio de Anselmo con una guitarra. Canta "El rosal" ante un grupo de gauchos que le escuchan. En un plano alterno, vemos a la gente de la fiesta que también escucha la canción. "Mi canción", afirma Elvira.

Planos varios de los gauchos alrededor del fogón, alternados con planos generales y la imagen de Gardel en plano medio.

La canción finaliza. Plano americano del interior. El empresario le pregunta a Elvira sobre la identidad del cantor. Las mujeres le cuentan que se trata de Don Anselmo, el patrón de la estancia.

Anselmo, luego de cantar, se levanta y se dirige a la casa. En un plano americano, le vemos ingresar de espaldas a la concurrencia, que le recibe de pie y con respeto. Una de las mozas explica la situación. Contraplano del patrón, que se quita el sombrero y avanza para saludar a los recién llegados.

Plano general. El empresario invita a Anselmo y a Elvira a Buenos Aires. Plano medio de Anselmo y de Rosita (Gloria Guzmán), hermana de Elvira, quien dice que tiene que contratarle a ella también pues es "una gran bailarina". Anselmo declina la invitación, pero Elvira acepta.

Plano medio con Anselmo y Elvira. Interpelada, la joven reconoce que no sabe qué hacer, ante lo que el hombre le dice: "Sí, ya veo: te atraen Luces de Buenos Aires". Anselmo se va y dos gauchos comentan sobre el infortunio del patrón y las mujeres. Fundido a negro.

Corte. A la mañana siguiente. Plano general de la estancia. Plano medio de Anselmo y Elvira, quien se despide jurando que lo va a esperar siempre. En contraplano, vemos a la pareja en el momento en que el hombre corta una rosa para la muchacha, pidiéndole que se la guarde. Fundido.

Corte. Plano general de la estación de tren de Las Lomas. Se ve a Elvira que sube al tren junto con el empresario y sus compañeros. Plano general de la ventanilla, donde la muchacha se queja de que su hermana aún no ha llegado. En planos alternos entre ambas tomas, vemos llegar a la joven. Un gaucho les trae una pata de cordero para el viaje.

Plano general del campo, donde vemos a Anselmo y a unos gauchos galopando. Interior del tren. En plano general, vemos a Rosita acomodar las valijas, quien no duda en subirse a hombros de un pasajero para lograr su cometido. En distintos planos alternados entre general y medio, se observa a Rosita, que intenta disimular el ruido que hacen las gallinas que lleva a bordo. Finalmente, cansada, las mete en una valija.

Primer plano del pasajero que está enfrentado a las muchachas. Del trapo que llevaba envuelto el cordero, y que Rosita puso arriba, cae un líquido sobre la cabeza del hombre, que se indigna. Rosita se levanta, pidiéndole que no se enoje, y que no desperdicie "el juguito". Acto seguido, le pasa un dedo por la frente y lo lame.

Otro plano general del campo. A caballo, Anselmo y sus hombres hablan sobre la partida de Elvira. Plano medio. Anselmo sospecha que la muchacha "ya no vuelve más".

Interior del tren. En plano americano, vemos a las dos muchachas sentadas. Elvira, con la rosa en la mano, llora.

Corte. Planos generales en fundido encadenado de la ciudad de Buenos Aires. En off, escuchamos diversos sonidos urbanos, como la campana que anuncia la llegada del tren, ruidos de motores, silbatos. Fundido.

Plano general del teatro, donde vemos ensayar a un grupo de coristas (Las 16 bellezas criollas). Las muchachas ensayan y son fotografiadas en dos planos, uno frontal y otro en contrapicado. Al volver al centro del escenario, el director las hace detenerse y las critica. En plano americano, vemos a Rosita como parte del elenco, riéndose del director que intenta mostrarles cómo se debe realizar la coreografía.

Plano general. El director pide que bailen de nuevo y se ensaña con Rosita. Plano americano de Rosita y el director. Discuten y el director la despide. La joven se va llorando. Justo llegan Elvira y el empresario. Rosita dice que el director la despidió porque se ha enamorado de ella. Primer plano del director, que escucha horrorizado. Pasamos a un plano general, donde el empresario le pide paciencia al director. Varios primeros planos de las coristas, que murmuran, disconformes por el trato preferencial de la joven.

El director hace continuar el ensayo. En plano americano, las dos muchachas que bailan al lado de Rosita comentan la situación, insinuando que quien pagará las consecuencias será Elvira. Rosita sale de la fila y el baile se interrumpe. Rosita las trata de "milongueras" y las jóvenes comienzan a pelear, ante el azoramiento del director, quien pide un receso.

Corte. En exteriores, vemos llegar a Pablo Soler (Pedro Quartucci). A través de un *travelling*, la cámara le sigue hasta bastidores, donde el muchacho canta "La Porteña" rodeado de las "bellezas criollas". En contraplano, Rosita conversa con una de las coristas, quien le da detalles sobre el recién llegado. Dos planos alternados nos presentan el desarrollo de la canción, ante la mirada azorada de Rosita.

Termina la canción. Las muchachas se van a probar el vestuario y Rosita se queda a solas con Pablo. En plano americano, conversan arrimados al piano. Forcejean y él le da un beso.

Corte. Interior de la oficina del empresario, que conversa con Elvira. El hombre le comenta que un admirador le ha regalado unos vestidos pero Elvira desconfía. En plano alterno, observamos a Lily, la esposa del empresario, que alcanza a escuchar la conversación desde atrás de la puerta. Ingresa y Elvira sale. Discute con su marido sobre lo que acaba de oír, pero éste le aclara que quien hace el regalo es Villamil (José Agueras Rubio), "el amo de todo esto".

En un plano general de la oficina, vemos ingresar, precisamente, a Villamil. Lily se va y le niega el saludo. El empresario le explica la maniobra que acaba de hacer con Elvira; maniobra que, por el diálogo, ambos hombres vienen efectuando desde hace un tiempo para seducir a las jóvenes que quieren triunfar en el espectáculo.

Fundido encadenado al interior de la pieza de Elvira y Rosita. Elvira desconfía, pero Rosita disfruta con la llegada de los vestidos. Golpean la puerta. Ingresa un botones, con un ramo de flores para Elvira del Solar.

Corte. Vemos un cartel que anuncia "Teatro". En fundido encadenado, se ve en primer plano el programa de esa noche: Pablo Soler y el Trío Romancit. Más abajo también se alcanza a leer que actúan las "16 Bellezas Porteñas". La cámara se aleja y nos muestra un plano general del teatro "El Dorado" y la llegada del público.

Interior del teatro. Desde varios planos (incluso una subjetiva desde la mirada del empresario, que observa en bambalinas), se muestra que la sala está llena.

Salen a actuar Las 16 bellezas porteñas. Ataviadas de ropas camperas y con una orquesta que incluye guitarras y bandoneones (orquesta de Don Aspiazú), realizan una coreografía con características vagamente folclóricas. En plano alterno, se observa a Rosita que llega tarde al escenario y con la ropa equivocada. El asistente de dirección le impide salir a escena y la multa.

Cae el telón. Rosita, compungida, vuelve al camarín. En el camino se cruza con Pablo, a quien le cuenta una versión un tanto modificada de los hechos.

La música extradiegética encadena las escenas detrás de bambalinas. En primer plano, se ve a Elvira preparándose para salir a escena. La cámara se aleja y nos da un plano general del camarín. Ingresa Rosita, cambiada de ropa. Tranquiliza a su hermana, que está muy nerviosa.

Corte. Plano general del escenario, que está a oscuras salvo por un spot de iluminación. Aparece Pablo, vestido sencillamente y con guantes de boxeo. Entona "Un directo al corazón". Ingresan Las 16 bellezas porteñas, que realizan una coreografía boxística. Distintos planos muestran el número, incluyendo un picado y varios planos generales del escenario. Al finalizar el número –que termina con todos los protagonistas "noqueados" en el piso-, vemos un contraplano desde atrás de bastidores, donde Pablo y la bailarina principal (María Esther Gamas) reingresan a escena de la mano, ante el aplauso del público.

Rosita se queda espiando al público y tiene un nuevo altercado con el asistente de dirección. En picado, vemos el escenario desde bambalinas, preparándose para el siguiente número, en el cual Rosita tiene un papel preponderante. Allí realiza una fallida coreografía sobre música académica, acompañada por algunas de Las 16 bellezas porteñas. En planos alternos, vemos al director intentando guiarla, sin éxito, y la hilarante respuesta del público. Al cerrarse el telón, ingresa el empresario y Pablo, quienes la felicitan por el impensado éxito. El director, lívido, se retira mirando al cielo.

En el camarín, Elvira charla con el empresario. Ingresa Rosita, que está eufórica.

Corte. Aplausos. Elvira canta "Canto por no llorar", acompañada por la orquesta. En plano alterno, vemos al empresario y Villamil observar a la muchacha con interés. La toma incluye varios planos generales del escenario, del palco y de la protagonista. Un *travelling* sigue a Elvira, que se acerca al público para entonar el estribillo, que también es cantado por Las 16 bellezas porteñas.

El número es un éxito. En un nuevo plano general vemos bastidores. Llega Villamil y todo el elenco se apresura en salir del lugar. Fundido a negro.

Interior del camarín de las hermanas. Rosita entona la canción que Elvira acaba de cantar. Ingresa el empresario junto con Villamil, quien felicita a las muchachas. En contraplano, vemos ingresar a Lily que, con malos modales, exige que salgan a festejar. Elvira se excusa por cansancio. Plano medio de Lily y Villamil, en donde conversan sobre el interés del hombre por la recién llegada y su evidente despecho. En plano alterno, vemos al empresario con las hermanas del Solar, quien consigue convencer a Elvira de que acepte la invitación. Plano general del camarín. Todos salen. Un primer plano de Elvira nos muestra que en el momento de tomar su abrigo, nota la rosa que le había regalado Anselmo.

Se ve la calle y la salida del grupo. Llega un automóvil, en el que suben todos. Villamil ordena: "Al hotel Argentino, y luego al Tabarís". Parten.

Corte. Interior de la pulpería. Ingresa Anselmo, que viene a buscar el correo. De fondo se escucha una chacarera. El estanciero descubre por casualidad un recorte de diario en el piso. En plano detalle vemos lo que dice: "El gran debut de anoche en El Dorado", con una fotografía de Elvira. Una subjetiva nos muestra lo que observa Anselmo: la fecha en un almanaque en la pared, que indica viernes 15 de mayo. Los gauchos le piden que cante "El Rosal", a lo que Anselmo accede, aunque la interrumpe en el medio y se retira.

Corte. Imágenes de panorámicas tomadas desde el tren, enlazadas en fundido encadenado. Llegada a Buenos Aires.

Fundido al interior del hotel. Anselmo viaja a Buenos Aires y reserva la habitación 145 del hotel Savoy. Luego de preguntar a un botones sobre la hora de finalización de la función en el Teatro El Dorado, parte en esa dirección.

Fundido encadenado de varias imágenes de la noche porteña, en subjetivas de la mirada de Anselmo, en la que alcanzan a verse el nombre de algunos teatros de época, como El Porteño y El Ópera. Finalmente, llegan a El Dorado. En fundido encadenado vemos que la función ha terminado y que el público se retira. Anselmo forcejea con un hombre de seguridad y logra ingresar a los camarines. Un *travelling* nos lo muestra tratando de ingresar, sin éxito, en varios camarines. Tras varios intentos, encuentra una puerta que da a una fiesta privada. En planos generales, vemos a los invitados, vestidos de gala que le observan con curiosidad y cierto desagrado.

Localiza a Elvira en un sillón, sentada con Villamil y riendo. La muchacha muestra su incomodidad y le presenta como "un amigo del campo". Rosita –que también se halla presente– lo saluda con entusiasmo pero se lo menciona a Villamil como "un peón de la estancia de papá". Ingresa Pablo y todos salen a festejar, sin incluir a Anselmo, que se retira dolido. Tras él, salen todos los invitados.

Plano general de la calle. Llega un automóvil y las hermanas del Solar. En contraplano, vemos a Anselmo observando la escena. Los autos parten y el estanciero decide seguirles. Fundido a negro.

Corte. Plano general. Para festejar el éxito obtenido, toda la plantilla se da cita en la residencia de calle Pampa 57, propiedad del millonario y decadente Villamil. En forma extradiegética se escucha la música de una orquesta de jazz. Al compás de aquella música, Rosita entona un alegre foxtrot ("Un cascabel yo soy..."). La toma incluye varios planos generales de la muchacha. Finaliza la canción en los brazos de Pablo, quien la lleva hasta la mesa de las bebidas. Mientras el muchacho prepara las bebidas y le pide a Julio (Julio de Caro, fuera de escena) que toque un tango, la chica se va a bailar con otro invitado. Despechado, Pablo invita a la mujer del empresario a bailar. En tomas alternas, vemos a las dos parejas bailando y al empresario charlando con otro comensal.

Corte abrupto. Se observa a Anselmo en primer plano con una sobreimpresión que dice "Pampa 57", dando a entender que encontró la casa. Fundido a negro.

Exterior de la casa. Llega Anselmo en un automóvil. La música del interior funciona como *atrezzo* de continuidad y sigue siendo el tango que escuchamos en la escena de Rosita y Pablo. Plano americano de Anselmo, que se acerca a un policía. El estanciero le ofrece un cigarrillo y ambos fuman. Allí Anselmo se entera de que el dueño del lugar es Villamil y de que Elvira está adentro.

Interior. La fiesta continúa. Elvira –a quien observamos en plano americano rodeada de invitados– ha bebido demasiado y no es dueña de sus actos. Es arrastrada hasta la mesa de las bebidas, donde es "bautizada" con champán, ante la mirada lasciva de Villamil. En plano medio, vemos a Pablo y Rosita, que se afligen por la situación.

En contraplano, vemos ingresar a Anselmo. Un *travelling* parte desde la figura del estanciero y hace un recorrido por el salón, mostrando lo dantesco de la fiesta. Plano de Elvira, borracha, abrazada por Villamil. La música se interrumpe. Elvira se acerca a su antiguo novio y le invita a sumarse a la fiesta. Anselmo la empuja por la escalera; Villamil, furioso, dispara un arma, desatando el caos. Pablo se interpone, desarmando al dueño de casa. Fuera de sí, el hombre sube las escaleras para atacar al gaucho, quien le propina un puñetazo. Los invitados le rodean, pero el novio de Rosita se interpone, arma en mano ("Son muchos contra uno solo"). En plano general, vemos aparecer a Rosita, quien le pide a Soler que se lleve a Anselmo. Acto seguido, baja las escaleras para atender a su hermana, que yace semiinconsciente en el piso.

Exterior de la casa. En plano general, se observa a Anselmo y Pablo caminar por la calle. El gaucho pregunta por un lugar para ir a tomar algo. Fundido a negro.

Corte. Interior del bar "El cocodrilo". Dos hombres abren el cortinado para observar, luego parten. La cámara realiza un *travelling* por el bar: nos muestra al estanciero y a su nuevo amigo sentados en una silla, y a una orquesta de tango.

La pequeña orquesta finaliza su ejecución. En primer plano, observamos a Anselmo a punto de tomar su trago, ante el pedido de precaución de Pablo. La orquesta inicia la introducción del tango "Tomo y obligo". "¿Conoce esa música? –pregunta. ¿Conoce las palabras de esa canción?", y acto seguido entona las primeras estrofas: "Tomo y obligo, mándese un trago que hoy necesito el recuerdo matar..."

Alternadamente, vemos varios primeros planos de los parroquianos que lucen deprimidos o ebrios. Se destaca la caracterización de un marinero borracho (Severo Fernández) que yace en una mesa. El tango finaliza con el gaucho llorando sobre la mesa. Fundido a negro.

Corte. Interior de la casa de Villamil, a quien vemos en un sillón, tocándose la cara en el lugar donde recibió el golpe de Anselmo. En plano general, se ve a Lily, ingresar vestida en forma elegante a la habitación. Sale.

Interior del hotel. Pedro y Ciriaco, peones de la estancia (caracterizados por Guillermo Barbieri y Angel Domingo Riverol) ingresan con valijas, ante la risa de un hombre. Plano general de ambos llegando al lobby del hotel, buscando a don Anselmo. La gente les mira con curiosidad y burla. Plano general del ascensor. Los hombres se resisten a subir pero finalmente acceden.

Interior de la habitación de Anselmo. El estanciero prepara sus valijas para volver al campo. En plano alterno, vemos a los peones llegar a la habitación. Anselmo les cuenta la situación.

Interior de la oficina del empresario. Ingresa Villamil, furioso y amenazante. Le da un ultimátum al hombre: esa noche, tras la función, se llevará a Elvira a un paseo por Palermo.

El secretario escucha todo y advierte a las hermanas sobre el peligro. En plano medio, Elvira y Rosita charlan. Plano general del camarín: ingresa Anselmo, quien viene a despedirse de su novia.

Exterior del teatro. Anselmo sale.

Interior del camarín. El empresario ingresa para invitar a Elvira a pasear con Villamil. La muchacha, despechada, acepta. Exterior. El empresario le informa a un guardia que no deje ingresar nunca más a Anselmo al teatro. Inmediatamente detrás de él, sale Rosita, quien para un taxi.

Lobby del hotel. En plano general observamos a los peones sentados y bebiendo, esperando para ir al teatro. Ingresa Rosita. Plano americano de los tres. Fundido a negro.

Exterior del hotel. Llega el taxi con la mujer y los dos hombres. Forcejean con los guardias del teatro, quienes les impiden el ingreso. Los peones se quedan afuera, pero ya han ideado un plan: raptarán a Elvira en plena actuación. Para ello compran dos entradas.

Plano general del teatro. Un plano americano nos muestra a los dos gauchos ingresando al palco. *Raccord* de mirada desde el palco hacia el escenario, donde se observan distintos números criollos (incluido un tango y un malambo) con bailarines y orquesta en vivo. Se cierra el telón.

Exterior del teatro. Llega Villamil.

Interior. Elvira sale a escena ante la ovación del público. Tomada por varios planos generales y un picado, interpreta "Canto por no llorar". En contraplano, vemos a los dos peones en el palco, quienes sacan un lazo de una valija (plano detalle) y atrapan a la cancionista y la suben hasta el palco. Estalla el caos. En varios planos, vemos el movimiento del público y a Rosita que le confiesa el plan a Pablo (y que además le dice que ella ha decidido quedarse con él).

Plano general. Los gauchos salen por la puerta principal, se abren paso a golpes. Exterior. Detienen un taxi y huyen. Fundido a negro.

Corte. Plano general de la estancia. En un primer plano, alternado con las imágenes del campo, vemos a Gardel entonar "Al pie de un rosal florido". En contraplano observamos llegar a los dos peones que llevan a Elvira.

Anselmo les ve llegar e interrumpe el canto. Plano general de los dos, alternado con un primer plano. Ella le pide perdón. Anselmo y Elvira se besan. En contraplano observamos a los dos gauchos retirarse a caballo. Fin.

Algunas curiosidades:

- Daniel Tinayre, francés que se trasladaría a Argentina donde desde 1934 desarrolló una importante carrera como director de cine y fue esposo de la conocida actriz cinematográfica y animadora de televisión Mirta Legrand, se desempeñaba como auxiliar técnico.

- Algunos de los lugares que se ven en fundido encadenado cuando Elvira y Rosita llegan a Buenos Aires son la Estación Constitución, una panorámica de los alrededores de la Plaza Constitución, el puente de La Boca y el Palacio del Congreso. Cuando Anselmo realiza el viaje, se observan también la Avenida de Mayo y la Plaza de Mayo.
- Pablo Soler –el personaje de Pedro Quartucci– es presentado como "el ex campeón de box que ahora se ha hecho artista". En verdad, Quartucci como boxeador había obtenido la medalla de bronce en los Juegos Olímpicos de 1924 en París (en un fragmento de la película hará referencia a ello. Al responder a la pregunta de Rosita de por qué de su nariz tan torcida, el hombre contestará: "de un beso que me dieron en las Olimpíadas"). También sabrá representar a un pugilista en "Segundos afuera", rodada en 1937. Pedro Quartucci nació en un circo. Fue el 30 de julio de 1905. Sus padres eran actores y él lo fue desde los 4 años cuando debutó en un circo de Córdoba. Mas su carrera de actor no impidió su pasión por el boxeo.
- En 1923 se inició en la actividad como amateur y un año después se clasificó para los Juegos Olímpicos de París al vencer a Julio Mocoroa. Los apresurados aseguraban que no duraría más de una eliminatoria y sin embargo al vencer al belga Devergnies se trajo la medalla de bronce, una de las primeras medallas ganadas por el deporte argentino en los Juegos.
- Pedro Quartucci perdió la semifinal de esos Juegos contra el irlandés Jackie Fields en un combate de fallo dudoso y se quedó con la espina. Varios años después, se enteró de que Fields, que había sido campeón olímpico y mundial, era dueño de un casino en Las Vegas. Entonces le cursó una invitación para

una revancha de veteranos. La respuesta de Fields fue muy clara: aceptaba, siempre y cuando se dispusiera para la pelea de los mismos jurados fraudulentos de aquella semifinal.
- Luego de París, llegó la era rentada para Quartucci en el boxeo. Ganó cuatro combates en Estados Unidos, dos en Argentina y perdió en 1925 con el famoso Luis Rayo. Se retiró luego de esa pelea, pero volvió años más tarde, según cuentan porque tenía problemas económicos. El jueves 19 de abril de 1928, Pedro Quartucci, pesando 61 kilos 700 gramos, se subió por última vez a un ring como profesional. Fue en el Parque Romano y le ganó por nocaut en el round 12 a Sócrates Mitre. Esa fue una jornada histórica, porque el día que se retiraba Quartucci, en la misma velada debutaba como profesional Justo Suárez, el Torito de Mataderos.
- Allí se terminó la carrera sobre los rings de este personaje que años después renovaría su fama en la televisión, el teatro y el cine. En los años sesenta fue integrante de una tira televisiva exitosa llamada "La Familia Falcón". Pedro Quartucci falleció el 20 de abril de 1983 a los 77 años.
- El cartel anuncia "16 Bellezas Criollas" pero en el film sólo participaron trece artistas. A ellas habría que sumar la primera figura: María Esther Gamas. Felisa Rosario Bonorino, Anita Domínguez Orquín, Josefina Cortés Santiago, Ada Pampín, Janette "Jenny" Green, Victoria Rubín, Aurelia Pérez, Aída Irene Ollivier, Jacoba del C.R. Aloy, Elisabeth Lucas, Enedina Virmesa, Cristina Elena Vergero, Asensión Ballester "Nelly" Blanco. Dos de las coristas regresaron a Buenos Aires,

antes del rodaje: Noemí Di Censo y Lila Valle. Las "girls" integraban el elenco estable del Teatro Sarmiento.
- En las representaciones en la Zarzuela de Madrid actuó una troupe más amplia que incluía a: Rosa Rafaela Palumbo, María E. Torday, Aurelia Padrón, María Luisa Quiroga, María Muro, Méneca Taillade, Wally Waiss, María Maza, Victoria Corbani, Margarita Corbani, Zuquita Roland, Juanga Barker, Aurora del Monte y Luisa Roa.

Espérame (Andanzas de un criollo en España), 1932

Rodada en los estudios Paramount de Joinville, París, en septiembre de 1932
Producción: Paramount
Dirección: Louis Gasnier
Guión: Alfredo Le Pera
Fotógrafía: Harry Stradling
Música: Carlos Gardel, Marcel Lattès y Don Aspiazú
Sistema sonoro: Western Electric
Intérpretes: Carlos Gardel, Goyita Herrero, Lolita Benavente, Jaime Devesa, Manuel París, León Lallave, José Argüelles, Manuel Bernardós, Matilde Artero
Sala y fecha de estreno en Buenos Aires: Cine Real, 5 de octubre de 1933
Carlos Gardel interpreta los siguientes temas:
Acompañado por la orquesta cubana de Don Aspiazú y por Horacio Pettorossi en guitarra: "Por tus ojos negros", rumba (Don Aspiazú-A. Le Pera-C. Lenzi) En una de las interpretaciones canta a dúo con Goyita Herrero; "Me da pena confesarlo", tango (C. Gardel-A. Le Pera-M. Battistella); "Criollita de mis ensueños", zamba (C. Gardel-A. Le Pera-M. Battistella); "Estudiante", tango (C. Gardel-A. Le Pera-M. Battistella).

Sinopsis: Sobre fondo negro, se ve un cartel que dice "Los Estudios Paramount presentan". En letras grandes y mayúscula, el título: "¡Espérame!" y más abajo: "con Carlos Gardel (resaltado) Goyita Herrero y Lolita Benavente". Debajo de todo se lee: "Procedimiento sonoro 'Masters…'"

Fundido a un plano detalle de dos ojos de mujer con un antifaz. En off, comienza a escucharse la orquesta. Fundido a la orquesta. Sobrepuesto, podemos leer un nuevo título que dice: "Escenario de Louis Gasnier" y "Diálogo de Alfredo Le Pera".

Nuevo fundido encadenado a un salón de baile, enfocado en plano general. Sobre dicho fondo, leemos "Música Carlos Gardel Marcel Lattés y Don Aspiazu". Más abajo "Alfredo Le Pera y Mario Batti-Stella (sic)" y finalmente "Fotografía de Harry Stradling".

Sobre varias imágenes de baile en fundido encadenado, se lee: "Carlos Gardel, Goyita Herrero, Lolita Benavente (estos tres en letra más grande), Manuel Papis, Jaime Devesa, Manuel Bernardos, Matilde Aptero, José Arguelles, León Lavalle" y abajo "La Orquesta Típica Cubana de Don Aspiazu".

La música de fondo inicial continúa, funcionando como *atrezzo* y continuidad. Primer plano de una fuente en el jardín de la fiesta. Plano general del jardín. Se ve a una pareja sentada en un rincón discreto, ambos con antifaces.

In medias res, vemos a Carlos Acuña (Carlos Gardel) cantar "Por tus ojos negros" ante el beneplácito de Rosario (Goyita Herrero). Plano general de ambos. Primer plano de Carlos, alternado con el de ella y el plano general de ambos.

Termina la canción. Nuevo plano general, esta vez emplazado desde casi la espalda del cantor. La muchacha le pide que se levante, pues "cualquiera que nos vea va a creer…" "que somos dos enamorados", remata Carlos. La joven le pide que se identifique, pero el hombre lo descarta porque lo juzga innecesario. Planos intercalados de los dos y el plano general.

Plano general de la fiesta, vista desde el jardín. Primer plano de Esteban Márquez (Jaime Devesa), que descubre a la pareja. Un plano general de la joven con el cantor –que funciona como una especie de *raccord* de mirada de Esteban– nos aclara la situación: la muchacha se ha comprometido a bailar con "don Esteban", como ella lo llama, pues es un amigo del padre. Ella se retira pero antes de hacerlo le da a Carlos una flor. Contraplano desde el cantor, que la ve partir.

Plano general. La muchacha se encuentra con Esteban. Juntos parten hacia el salón.

Fundido a un hombre que toca una trompeta, anunciando que llega el momento de quitarse las máscaras. Plano general del jardín, donde vemos a los invitados correr a buscar a otros bailarines para poder descubrir de quién se trataba. Plano general de Rosario, que busca en el jardín a Carlos, sin éxito.

Fundido a negro. Corte. Primer plano de Rosario, durmiendo feliz en su cama. En sobreimpresión vemos lo que ella está soñando: la escena de la noche anterior, cuando Carlos y ella se encontraron en el jardín.

La cámara realiza un alejamiento y muestra toda la habitación. Llega la sirvienta, quien abre las cortinas y despierta a Rosario. La muchacha le cuenta sobre Carlos, ilusionada.

Fundido a negro. Corte. Plano general de un baile. De fondo, vemos a la orquesta de Don Aspiazu, la cual interpreta un ritmo tropical. Un *travelling* por la sala nos muestra el ambiente y la llegada de varias personas de alto nivel social.

Plano general de la calle. En fuerte contraste a la escena del salón –cargada de luces y esplendor–, observamos la llegada de Carlos, caminando en la oscuridad con un traje de tonos apagados. La cámara le sigue por la calle hasta la entrada del teatro. En el ínterin, saluda a varias mujeres. Ingresa al salón.

Contraplano. Plano medio de Sebastián (...) y Carlos. Un *travelling* sigue a los dos hombres a través de la sala, mientras la orquesta continúa tocando música centroamericana.

Nuevo contraplano. Ingresa el señor González, quien con un reloj en la mano, increpa a Acuña por su llegada tarde.

Plano general de la sala.

En camarines, vemos a Carlos cambiarse, mientras Sebastián le recuerda el pasado de Carlos, hijo desheredado de un poderoso hombre de negocios.

En un plano general en picado, vemos a Carlos cantar...

Plano americano del cantor. Primer plano. Plano general desde la derecha. Contraplano del público. Dichos planos se van alternando a lo largo de la canción.

Plano general del público aplaudiendo.

Corte. Primer plano de Esteban y Rosario frente a un piano. La muchacha intenta, sin éxito, recordar la canción que Carlos le supo cantar en aquella fiesta. En montaje encadenado, vemos en un plano general bajar las escaleras de la sala al señor Aguilar, padre de la chica. La muchacha se levanta y sale, se encuentra con él en la otra sala. Baja la madre.

En plano encadenado, vemos a Esteban charlar con el padre, quien le confiesa que tiene deudas de juego. Esteban le persuade de sumarse a otra fiesta en la que se apostará fuerte.

Corte al cabaret. Carlos y su amigo toman unas bebidas. Dos jóvenes se acercan a charlar, pero él las rechaza amablemente: su amor pertenece a otra, a la "misteriosa mujer" del baile. Carlos enseña la flor que ella le regaló y explica que sus infortunios económicos se deben a la muerte sorpresiva de su padre.

Contraplano. Vemos entrar a Esteban y al señor Aguilar. Carlos reconoce a Esteban Márquez de la fiesta. Su amigo le explica cuál es el modus operandi de Esteban. Aguilar y Márquez ingresan a un salón privado.

Carlos vuelve a subir al escenario, donde interpreta "Criollita de mis amores". Las tomas intercalan planos generales del cantor con primeros planos, similares a los de la canción anterior. Aplausos.

Corte. Interior del salón privado, donde los jugadores apuestan. En primer plano, vemos a Aguilar quien, engañado por Esteban en complicidad con los demás, viene perdiendo fuerte y presenta una letra para poder seguir jugando.

En plano encadenado, Carlos habla con gente del bar, quienes le dan datos sobre Rosario y su padre. Fundido a negro.

Corte. Exterior de la casa de Rosario. Carlos y su amigo llegan con guitarras. "Hay en esta casa corazones para escuchar músicos cantores?", pregunta Carlos.

En plano encadenado vemos a Rosario llorar en el interior de la casa. Llega la madre, quien le dice que afuera hay dos cantores para animarle.

En simultáneo, vemos a los músicos cantando en las afueras de la casa. Carlos entona "Estudiante". Rosario escucha la música y le pide a su madre que convoque a los cantores.

En contraplano, Rosario se sienta en su patio y recibe a los músicos. Ella –que no reconoce a Carlos– le pide que cante aquella canción que había escuchado en la fiesta. El hombre toma la guitarra y entona los versos de "Por tus ojos negros" ante la mirada embelesada de Rosario y de su sirvienta.

Nuevo contraplano, que nos muestra la llegada del señor de la casa y Esteban. La muchacha le pide a su padre que les contrate para la fiesta de disfraces del día siguiente.

Corte. Al día siguiente, en la casa, donde todos se preparan para escuchar a Carlos. Rosario se disfraza con el mismo traje, con la esperanza de que el misterioso disfrazado de la primera vez le reconozca.

Carlos comienza a cantar. El tema es "Estudiante", que ya había cantado previamente en casa de la muchacha. En montaje encadenado, vemos a Rosario que reconoce la voz, pero no puede asumir que se trate de la misma persona pues ésta es la voz "de un cantor callejero".

En plano general y primer plano, observamos a Acuña. Contraplano de los invitados, en un *raccord* de la mirada del cantor, que busca a la muchacha.

Termina la canción. Carlos y su amigo van al jardín, mientras en la sala se escucha un tango y los invitados bailan.

Exterior. Toma en plano general de Carlos en el jardín, buscando a Rosario. El amigo le da un disfraz para que él pueda infiltrarse en la fiesta como un supuesto invitado.

Interior. En la fiesta, Rosario y Esteban bailan. El hombre se aleja de la muchacha y se acerca a su padre para informarle que esa noche anunciarán el compromiso. El señor Aguilar, acosado por las deudas, no tiene otro remedio que aceptar.

Exterior. Plano general de Rosario buscando al misterioso hombre. En contraplano, vemos a Carlos ponerse el antifaz.

Interior. En plano alterno, observamos a una bailarina que realiza un aire español.

Exterior. Rosario, frustrada, vuelve a sentarse en el banco del primer encuentro. De pronto, escucha la canción de la primera vez. Aparece Carlos, y ambos se encuentran. Acuña quiere explicarle el porqué de su ausencia pero son interrumpidos por Pepita, quien le informa a la muchacha que su madre va a anunciar el compromiso de ella con Esteban.

Corte. Una fonda. Es de noche y hay tormenta. En el exterior, vemos llegar a una pareja empapada y necesitada de refugio. Dentro de la fonda, vemos a Rosario y a Pepita, que han escapado de la fiesta. La dueña de la fonda reconoce a la heredera de Aguilar. En plano alterno, vemos a un hombre que escucha la conversación y también se observa una trifulca entre los parroquianos.

En plano general, vemos el transcurrir de diversos guitarristas en la fonda. Rosario baja junto con Pepita y la dueña de la fonda y se instalan frente a una chimenea a esperar a que pase la tormenta. Planos alternos entre los parroquianos y Rosario, que reconoce la canción de Acuña y no puede evitar cantarla. Los paisanos se acercan a escucharla, impresionados. La joven finge ser una empleada, por lo que los clientes la presionan para que cante.

Corte. En la fiesta, Márquez y Aguilar discuten sobre dinero. Ingresa un hombre para informar que Rosario se ha dado a la fuga. El estanciero decide ir en su persecución. Carlos, escondido detrás de una cortina, escucha la conversación y también decide ir a buscarle.

En plano alterno, vemos a Rosario que –acompañada por su guitarra– entona el fandango "A un arroyo a beber" (Cepero-Montoya) para los parroquianos. La escena es presentada a través de varios planos medios y generales de la joven y los presentes. Al finalizar, baja de la mesa y baila con castañuelas un aire español. Un contraplano nos muestra a tres guitarristas, que acompañan el baile.

Exterior. Carlos y Sebastián llegan a la fonda sin saber que Rosario está adentro. De pronto, sus miradas se cruzan y se reconocen.

Simultáneamente, el hombre que había reconocido a Rosario le informa al padre de ella su paradero.

Interior de la fonda. Carlos finalmente revela su identidad a la joven. Los clientes le piden a Rosario otra canción y ella entona "Por tus ojos negros", acompañada por Acuña.

Llegan Aguilar y Márquez con sus hombres. Carlos y Esteban pelean. Al mismo tiempo llega un mozo del restaurant, que revela que Esteban le hizo trampas al padre de Rosario para quitarle su dinero.

Los parroquianos toman a Esteban y le lanzan afuera, al medio del lodazal.

Plano general de los Márquez, Carlos Acuña y los parroquianos. Márquez da la bendición a la unión.

Los enamorados suben a un carromato, donde se besan ante la algarabía general.

Corte. Vemos andar el carromato por el camino, mientras se escucha la voz de ambos entonando "Por tus ojos negros". Fin.

Algunas curiosidades:

- El emplazamiento de la cámara sufre, a lo largo del film, permanentes movimientos involuntarios.
- En *Esperáme*, la muchacha le entrega a Carlos una flor. En *Luces de Buenos Aires*, era Anselmo –el personaje de Gardel– quien le entregaba a la protagonista

una flor a modo de recuerdo. Asimismo, en *Flor de durazno* (1917), Rina (el personaje principal) tenía a las flores del duraznero como elemento que le iba recordando el paso del tiempo y la pérdida de su inocencia.

La casa es seria (mediometraje), 1932

Rodada en los estudios Paramount de Joinville, París, en octubre de 1932
Producción: Paramount
Dirección: Lucien Jaquelux
Argumento: Alfredo Le Pera
Música: Carlos Gardel y Marcel Lattès
Sistema sonoro: Western Electric
Intérpretes: Carlos Gardel, Imperio Argentina, Lolita Benavente, Josita Hernán, Manuel París
Sala y fecha de estreno en Buenos Aires: Cine Suipacha, 19 de mayo de 1933
Carlos Gardel interpreta los siguientes temas:
"Recuerdo malevo", tango (C. Gardel-A. Le Pera)
Acompañado por la orquesta que dirige Juan Cruz Mateo:
"Quiéreme", canción (A. Lattès-C. Gardel-A. Le Pera)
Acompañado por la orquesta cubana de Don Aspiazú

Sinopsis: el cortometraje (o mediometraje) de 22 (o 25) minutos *La casa es seria*, protagonizado por Carlos Gardel e Imperio Argentina, ha llegado a nosotros al menos en su banda sonora. No hay copias del film porque cuando en la Segunda Guerra Mundial los alemanes invadieron París destruyeron la película porque sospechaban que tenía propaganda antinazi.

Afortunadamente se pudo recuperar el sonido de los discos Vitaphone (con el proceso Vitaphone las bandas sonoras de las películas se grababan en discos por separado y luego se ponían sincronizadamente con la película que se proyectaba).

La película duraba 25 minutos pero se redujo a 22 porque "El Heraldo del Cinematografista" de Buenos Aires recomendó la eliminación de una escena que catalogó "de subido color". En la parte final de esa escena Gardel, dirigiéndose a Imperio Argentina, le decía: "Bajaba usted la gran escalera del teatro, vaporosa, elegante, y al llegar a la planta baja me preguntó dulcemente: ¿Podría usted decirme dónde está el tocador de damas? Y yo le contesté: ¿El tocador de damas? Aquí está... soy yo".

De los dos temas interpretados por Gardel ("Recuerdo malevo" y "Quiéreme"), el único inédito en disco es "Quiéreme" (subtitulado "Te esperaré"). Es un error bastante repetido sostener que "Recuerdo malevo" no fue llevado al disco.

Hubo dos versiones llevadas al disco de "Recuerdo malevo" además de la de la banda sonora de *La casa es seria*, por lo que la ficha técnica del tema es así:

"Recuerdo malevo" (Gardel-Le Pera)

1. Banda sonora del film *La casa es seria*, 1932 (Orquesta de Juan Cruz Mateo y las guitarras de G. Barbieri, D. Riverol, H. Pettorossi y D. Vivas).
2. 30 de octubre de 1932 Matriz E 7350. (Acompañamiento de guitarras por G. Barbieri, D. Riverol, H. Pettorossi y D. Vivas).
3. 22 de febrero de 1933 Matriz E 7350-1 N° de catálogo original 18885. (Acompañamiento de guitarras por G. Barbieri, D. Riverol, H. Pettorossi y D. Vivas).

La ficha técnica de "Quiéreme" es así:

"Quiéreme" ("Te esperaré") (Gardel-Le Pera-Marcel Lattès) (Orquesta de Don Aspiazú con la guitarra de Horacio Pettorossi). Nunca fue grabado en disco. Este tema está cantado dos veces en la película, una por Imperio Argentina (versión completa) y otra por Carlos Gardel (versión abreviada).

Guion

(Introducción musical – ¿títulos?)

Canción: "Quiéreme (Te Esperaré)" (Gardel-Le Pera-Marcel Lattès)

Letra:

¡Óyeme! siempre te esperaré
¡Mírame! nunca te olvidaré
Con tu partida voló mi ventura,
donde hubo dicha quedó amargura
y llanto.
Si al volver dudas de mi dolor,
bien sabes[46] cuánto velo mi amor.
En mi triste mirar,
la verdá'encontrarás .
¡Quiéreme! siempre te esperaré.
Sueño de amor,
tiempo mejor
que entristece mi corazón.
Te vi partir creí morir
cuando te fuiste con mi ilusión.
¡Óyeme! siempre te esperaré
¡Mírame! nunca te olvidaré.
Con tu partida voló mi ventura,
donde hubo dicha quedó amargura
y llanto.
Si al volver dudas de mi dolor,

---

[46] Imperio Argentina en vez de "bien sabes" dice "sin saber".

bien sabes cuánto velo mi amor.
En mi triste mirar,
la verdá'encontrarás .
¡Quiéreme! siempre te esperaré.

Cambio de escena.
(teléfono. Atiende la sirvienta)
ROMERO (en off)
–¿Está la señora? Habla Juan Carlos Romero. Soltero, veintisiete años…
(la sirvienta a la señora)
–Señora, es el mismo de todos los días.
SEÑORA
–¿Otra vez? ¿Pero es que se ha propuesto volverme loca?
SIRVIENTA
–¿Qué contesto?
SEÑORA
–Dile que estoy enferma.
SIRVIENTA
–La señora está enferma.
ROMERO
–Ah, justamente tengo un tubo de quinina…
SEÑORA
–Dile que me voy al Chaco.
SIRVIENTA
–La señora sale hoy para el Chaco.
ROMERO
–¡Magnífico! Conozco el terreno. Además tengo un tío que es coronel boliviano.
SEÑORA
–Dile que… a ver, déjame a mí (a ROMERO) ¿Aló?
ROMERO
–Ah, es usted, amor mío.
SEÑORA

–Yo que estoy harta de su persecución y que daré parte a la policía.
ROMERO
–Tesorito...
SEÑORA
–Yo le daré de bofetadas la primera vez que lo vea.
ROMERO
–Mi palomita...
SEÑORA
–¿Pero hasta cuándo, hasta cuándo, Dios mío, hasta cuándo?
ROMERO
–Hasta que me quieras... hasta que me diga "amor mío", "ricurita".
SEÑORA
–Ah, no puedo más, no aguanto más... (corta). Llévate esto a la carbonera, a la cocina, donde sea, pero pronto, pronto, enseguida... (algo se rompe) Ah, es el vidrio.
SIRVIENTA
–¿Saldrá la señora?
SEÑORA
–Sí, necesito distracción, ese insolente me ha puesto nerviosa. Voy a tomar el té al Palace.
SIRVIENTA
–¿Volverá la señora para cenar?
SEÑORA
–Sí, prepara la cena para las ocho.
SIRVIENTA
–Está bien, señora.
Corte a exteriores.
(La señora se encuentra con Romero)
SEÑORA
–¿Usted?
ROMERO

–Yo, siempre yo...
SEÑORA
–Señor, por Dios, por última vez.
ROMERO
–No insista, es inútil: ¡la quiero y la conquistaré!
SEÑORA
–Insolente (le pega). ¿Y ahora, qué dice ahora?
ROMERO
–Que soy católico, me dan una bofetada... y devuelvo un beso (intenta besarla).
SEÑORA
–Quite...
(A un taxista)
–¡Pronto! Al Palace.
(Romero la ve partir. Detiene otro taxi).
–¡Taxi! ¡Pronto! Al Palace.
Cambio de escena – interior de la casa
SIRVIENTA (al teléfono)
–¿Jesús? Que vengas pronto, que la señora ha salido... no volverá hasta las ocho al menos... ¿ajá? ¿Que no puedes venir?... no: ¡quedarás con otra mujer! ¡Con veinte mujeres! ¡Eres un Don Juan! (despectivamente) bla bla bla... (cambia el tono por uno meloso) ven, bonito... mimosito mío... ¿Vendrás? ¿... sí? Ay, ¡qué contenta estoy! ¿Ah? Pero no vayas a mirar a nadie en la calle, ¿eh? ¡A nadie, a nadie, a nadie!... Bueno, pues date prisita, ¿eh? Adiosito...
JESÚS
–Adiós hermosa, guapísima (le da besos. Ella aparentemente le pega).
Cambio de escena – en la calle
TAXISTA
–Señora, la calle está cerrada. Tendrá usted que andar unos cincuenta metros para llegar al Palace.
SEÑORA

–Ah, lo único que me faltaba... tome.
TAXISTA
–Muchas gracias.
Cambio de escena – el Palace
(música ambiente)
SEÑORA
–¿Usted!? ¿Todavía usted?
ROMERO
–Yo, siempre yo...
SEÑORA
–(fastidiada) ¡Ah! (se va)
(música – un final de tango y aplausos)
(Romero habla por teléfono con música de guitarra de fondo española
–¿El jueves a las cinco? ¡Imposible! No puedo... claro... ¿El primer jueves del mes que viene? Entendido (corta) No doy abasto...
Sigue la música – aplausos
CLIENTE
–¡Mozo! La cuenta de esa dama es para mí.
MOZO
–Muy bien.
Cambio de escena
PRESENTADOR
–Señoras y señoras, la dirección del establecimiento no ha dudado en hacer un regalo a su distinguida clientela, ofreciéndoles a ustedes la maravillosa bailarina española Carmen Rivera! (música de presentación – aplausos).
CARMEN RIVERA
–¿Cuándo vas a estar para mí sola?
ROMERO
–¡Imposible! Este pájaro cantor está muy solicitado...
PRESENTADOR

–Carmen, Carmen, Carmen, que ha llegado tu hora, ¡vamos!
CARMEN RIVERA
–¡Momento! Que estoy conferenciando con el señor…
PRESENTADOR (al público)
–Como decía señores, ¡el regalo es la presentación de la bailarina española Carmen Rivera!
(música de presentación – aplausos)
CARMEN RIVERA
–¡Espera! (A Romero) Que ya lo sabes: que no te vea arrastrarle el ala a otra mujer porque van a tener que recogerte con palillo de dientes…
ROMERO
–No digas…
PRESENTADOR
–Señores, ¡les presento a ustedes a la simpática bailarina española Carmen Rivera!
CARMEN RIVERA
–¡Acaba ya! ¡Fricadella!
Carmen Rivera baila con castañuelas. Aplausos.
CLIENTE
–¡Mozo! (dudando) La…
MOZO
–¿La cuenta de esa señora?
CLIENTE
–Exactamente.
PRESENTADOR
–Y ahora distinguido público, ¡un minuto de silencio! ¡El gran cantor criollo Juan Carlos Romero! (aplausos)
Gardel canta.
"Recuerdo malevo" (Gardel-Le Pera)
Era mi pebeta, una flor maleva,
más linda* que un día dorado de sol.
Trenzas renegridas, mirada que ruega,

boca palpitante de fuego y amor.
Para conquistarla yo me jugué entero,
no valía la pena sin ella vivir.
Peleando con taitas en un entrevero,
pensé que era lindo por ella morir.
Tiempo viejo,
caravana,
fugitiva,
dónde estás.
Florido tiempo que añoro,
por sus caminos de olvido
viajan visiones que lloro,
sueño querido que te alejás.
Tiempo viejo,
caravana,
fugitiva,
dónde estás.
Cinco años pasaron
de la primer cita,
burlón, el destino,
me obligó a volver.
Qué viejos los ojos
de la muchachita,
que en un día, riendo
me enseñó a querer.
Fuimos sin pensarlo
como dos extraños,
su boca marchita
y mi suspirar.
Habiendo cenizas
de los desengaños,
el recuerdo amigo
se debe** borrar.
Tiempo viejo,

caravana,
fugitiva,
dónde estás.
Florido tiempo que añoro,
por tus caminos de olvido
viajan visiones que lloro
sueño querido que te alejás.
Tiempo viejo,
caravana,
fugitiva,
dónde estás.
(Aplausos)
Gardel canta un fragmento de "Quiéreme (te esperaré)":
¡Óyeme! siempre te esperaré
¡Mírame! nunca te olvidaré
Con tu partida voló mi ventura,
donde hubo dicha quedó amargura
y llanto.
Si al volver dudas de mi dolor,
bien sabes* cuánto velo mi amor.
En mi triste mirar,
la verdá'encontrarás.
¡Quiéreme! siempre te esperaré.
(Aplausos)
El cliente va a pagar lo de Carmen Rivera. Cliente 2 se interpone.
CLIENTE 2
–Un momento, pago yo.
CLIENTE
–No le consiento.
CLIENTE 2
–¿Qué dice?
CLIENTE
–Pago yo, amigo.

CLIENTE 2
-¡Eh, insolente!
Se pelean.
(Corte - en otro sector el presentador)
-No pasa nada ja ja ja, un incidente sin importancia ninguna. Dale música, música, hala pronto, ¡a bailar! ¡A bailar! ¡Conga! (se escucha música).
CARMEN RIVERA
-¡Impulsivo! Déjalo ir...que su familia y mujer le quitan en la cabeza.
CLIENTE
-Tenés razón.
Exteriores
SEÑORA
-¡Uah! Esta persecución debe terminar, me lo encuentro a usted en todas partes. Por Florida...
ROMERO
-Yo.
SEÑORA
-Voy de compras...
ROMERO
-¡Y yo, siempre yo!
SEÑORA
-Ayer en una ferretería...
ROMERO
-Entre los tachos, yo su admirador
SEÑORA
-Y así desde la última noche en el baile de la ópera.
ROMERO
-Ah, ¡noche inolvidable! Yo disfrazado de angelito y usted de odalisca...
SEÑORA
-¡No recuerdo! Por favor...
ROMERO

–Bajaba usted la gran escalera del teatro, vaporosa, elegante...y al llegar a la planta baja usted me preguntó dulcemente: ¿podría usted decirme donde está el tocador de damas?
–Y yo le contesté: ¿el tocador de damas? ¡Aquí está! ¡Soy yo!
SEÑORA
–Qué gracioso...
Corte al Palace.
PRESENTADOR
–¿Qué pasa?
MOZO
–Aquí el señor...
PRESENTADOR
–¿Qué sucede?
CLIENTE
–Se me ha olvidado la cartera
PRESENTADOR
–Bah, No se preocupe, cualquier camarero lo acompaña hasta su casa...
CLIENTE
–Un inconveniente...
PRESENTADOR
–¿Cuál?
CLIENTE
–Que vivo muy lejos, en el Paraguay (aparentemente se va corriendo).
PRESENTADOR
–¿Ehhhhh?
Corte a exteriores.
ROMERO
–Una cita, concédame una cita y seré el más feliz de los hombres...
SEÑORA
–No puedo, yo no soy libre...

ROMERO
–¡Mejor!
SEÑORA
–Me vigilan, mi amigo es celoso como un turco.
ROMERO
–Ah, entonces...
SEÑORA
–Imposible.
ROMERO
–¡Qué lástima!
SEÑORA
–Solamente...
ROMERO
–¿Qué?
SEÑORA
–Que viniera usted a mi casa...
ROMERO
–¡Vamos!
SEÑORA
–No, no, no... ahora no. Esta noche... a la una...
ROMERO
–¡Amor mío!
Corte a exteriores. Música.
SEÑORA
–Escuche: ¡yo vivo en una casa muy seria! Una verdadera casa de familia.
ROMERO
–Como a mí me gusta.
SEÑORA
–Usted debe ser muy discreto: llegar a la una silenciosamente y silbar.
ROMERO
–¿Cómo? ¿Así? (silba)
SEÑORA

–No, no, no, más suave. Al oír el silbido, yo echaré la llave por el balcón. Sea discreto que la casa es muy seria... Hasta luego.
ROMERO
–Hasta luego, hasta la una en punto, ¿eh?
Corte a la calle de la casa. Romero llega caminando.
–Ni un ruido... de verdad que es una casa seria, ¿eh? No estoy acostumbrado. (Silba varias veces, cada vez más fuerte. Caen llaves de todas las ventanas.)
¡Je! ¿Y esto es una casa seria? ¡Mi Dios!
Fin

Algunas curiosidades:

- Lucien Jaquelux, director del film, supo filmar en 1941 otra película vinculada con la Argentina. Se trató de *Trois Argentins à Montmartre* (1941), de André Hugon.
- *La Casa es seria* fue presentada en Francia como *La Maison sérieuse*.

Melodía de Arrabal

Producción: Paramount
Dirección: Louis Gasnier
Guión: Alfredo Le Pera
Fotografía: Harry Stradling
Música: Carlos Gardel, José Sentis, Marcel Lattès, Horacio Pettorossi y Raúl Moretti
Sistema sonoro: Western Electric
Intérpretes: Carlos Gardel (Roberto Ramírez), Imperio Argentina (Alina Salinas), Vicente Padula (Pedro Ventura/Gutiérrez), Jaime Devesa (Rancales), Manuel París (inspector Maldonado), José Argüelles (Julián), Helena D'Algy (Marga), Felipe Sassone (empresario teatral) y otros.

Carlos Gardel interpreta los siguientes temas: "Melodía de arrabal", tango (C. Gardel- A. Le Pera-M. Battistella); "Mañanita de sol", canción (C. Gardel- A. Le Pera- M. Battistella), interpretada a dúo con Imperio Argentina; "Cuando tú no estás", canción (C. Gardel-A. Le Pera- M. Lattès-M. Battistella); "Silencio", tango (C. Gardel- A. Le Pera- H. Pettorossi).

Imperio Argentina interpreta los siguientes temas: "No sé por qué", tango (J. Sentis); "La marcha de los granaderos" (de la película *El desfile del amor*) (texto en castellano de A. Le Pera y M. Battistella).

Acompañados por la orquesta dirigida por Juan Cruz Mateo.

Sala y Fecha de estreno en Buenos Aires: Cine Porteño, 5 de abril de 1933

Sinopsis: Sobre fondo negro con imágenes de figuras abstractas que van pasando y música orquestal (leitmotiv de la canción principal del film), se ve un cartel que dice "Es un film Paramount". El siguiente cartel indica: "Estudios Paramount presentan" y en letras grandes, el título: "Melodia (sic) de Arrabal". Luego los protagonistas: "con Imperio Argentina y Carlos Gardel". En el mismo titular abajo se lee: "Procedimiento sonoro Western Electric". Luego sigue con dos carteles: "Escenario de Alfredo Le Pera", "Dirección de Louis Gasnier". En el siguiente título, describe a los autores de la música ("Música de Carlos Gardel, José Santis, Marcerl Lattés, Modesto Romero Petterossi (sic) y Raoul Moretti") y a los de las letras ("Letras de Alfredo Le Pera, Batti-Stella (sic) y Petterossi (sic)"). Debajo de todo se lee: "Fotografía de Harry Stradling".

Siguiente título: "Intérpretes: Imperio Argentina y Carlos Gardel (en mayúsculas y más grandes que el resto). Debajo de ellos: Vicente Padula, Jaime Devesa, Helena, D'Algy, Felipe Sassone, Manuel Paris, José Arguelles y la orquesta típica argentina de Juan C. Mateo".

Fundido a negro. Panorámica de una calle. Un *travelling* de izquierda a derecha hasta enfocarse en una esquina, donde se vislumbra una disquería. De espaldas, la figura de un hombre en primer plano que se dirige hacia el local. La cámara le sigue, mientras comienza a escucharse la música orquestal del tango "Melodía de arrabal".

Fundido encadenado al interior de la disquería. Un grupo de personas escucha con atención la música. Primer plano del disco, que nos demuestra que la música surge en forma diegética de allí. La música finaliza y los parroquianos se alejan; quedan el dueño de la disquería y dos personas más: el hombre que venía por la calle y que luego sabremos que se llama Roberto Ramírez (Carlos Gardel) y una muchacha de nombre Alina Salinas (Imperio Argentina). Roberto le ofrece el disco a la joven, pero ella se niega. "Ajá, muy bien –dice él– pero cada vez que la vea, se lo cantaré para que recuerde que se ha negado a aceptarlo". Ambos se retiran.

Fundido encadenado al interior de un cabaret. Un *travelling* por el lugar nos muestra el ambiente, donde un músico toca la guitarra y canta, mientras los parroquianos fuman, beben y charlan. Marga (Helena D'Algy) se levanta de una mesa para bailar un tango con un cliente, ante la atenta mirada de Rancales (Jaime Devesa), una especie de novio y representante de la mujer. Pedro Gutiérrez (Vicente Padula) intercambia unas palabras con el hombre y sale entre bastidores a un reservado donde se juega a las cartas por dinero. En montaje paralelo, vemos cómo se desarrolla la partida, al mismo tiempo que en el salón se vislumbra un conflicto entre Rancales y Marga, pues el primero coquetea con otra mujer.

La cámara nos muestra a Gutiérrez que vuelve al salón, siguiendo discretamente a un parroquiano que ha ganado mucho dinero en las cartas. Con un gesto, se lo marca a Rancales, con quien evidentemente está en sociedad. Primer plano del parroquiano contando dinero y luego de Rancales mirando a Gutiérrez y asintiendo.

El tango finaliza. Plano general del salón, alternado con planos medios de la mesa de Rancales, donde Marga descubre a la muchacha que bebe, invitada por el hombre. Las mujeres discuten, hasta que la muchacha se levanta y se va. Marga increpa a Rancales, quien amaga a golpearla. El parroquiano que ganó en las cartas interviene, pero el conflicto se disuelve y la pareja le invita a tomar coñac con ellos.

Corte. Plano general de la entrada del cabaret, donde vemos al inspector Maldonado (Manuel Paris). En montaje paralelo, observamos que Rancales y Gutiérrez fingen saludarse y en el descuido, le roban el dinero al parroquiano. La cámara nos muestra la acción en un plano detalle del dinero y luego en otra toma donde se acerca a la mirada del inspector, que observa la escena con detenimiento y sonríe.

Plano alterno. El barman le advierte a Rancales que le vigilan. "¿Quién?", pregunta éste. "El mismo de siempre, Maldonado". "Si me busca, me encontrará", desestima.

Corte. Plano medio a la entrada, en la que se vislumbra a Roberto Ramírez. El hombre se acerca a Gutiérrez, quien le indica el trabajo que piensan hacer con Rancales, ante el evidente fastidio de Roberto.

Primer plano de Marga, que sufre por los desplantes de su novio. Roberto la observa y se acerca a la muchacha. Marga descarga toda su amargura sobre la vida y el arrabal, ante la mirada comprensiva de Roberto.

"No digas eso, Marga –la consuela–; trabaja y canta este viejo arrabal en sus días laboriosos. Nosotros somos la noche del arrabal, la noche siniestra. Pero hay otra vida pura, noble, intensa: este viejo barrio también tiene su encanto, su misterio, su pasado. Su melodía: la humilde melodía del arrabal". Acto seguido, canta "Melodía de arrabal".

La cámara le sigue en un *travelling*, alternado con varios planos generales del cabaret, su entrada y los parroquianos que juegan en el reservado. Esta escena incluye una panorámica invertida, utilizando el espejo del bar para mostrar, a través de la mirada de Gutiérrez, a Roberto cantando ante la embelesada mirada de los presentes.

Mientras Roberto canta, se observa el ingreso de Maldonado al cabaret y la reacción amenazadora de Rancales, quien lleva la mano a la cintura, demostrando que porta un arma.

Plano de la calle. Alina pasa caminando, acompañado por un hombre. De pronto, escucha la voz de Roberto y se detiene, reconociendo la canción pues es la misma del disco. Le sugiere a su acompañante que ingresen a escuchar.

Plano y contraplano de Roberto y Alina, que se miran con evidente entusiasmo. Ramirez finaliza su canción y sale en busca de la muchacha.

Plano general de la calle. Es de noche. El ambiente se completa con la música de cabaret que alcanza a escucharse y una serie de spots de iluminación que pasan permanentemente, como si se trataran de coches o faros de vigilancia. Cambio a plano medio, en el que vislumbramos cuando Roberto alcanza a la muchacha. Alina le felicita y le ofrece ayuda para que el progrese como cantor. "Si alguna vez quisiera usted trabajar, y si tiene otra ambición que la de ser cantor de un café, entonces venga a verme; quizá podría ayudarle".

Se despiden. Un *travelling* sigue a la muchacha hasta su casa, donde se lee en primer plano "Salinas profesora de piano y canto".

Corte al interior del cabaret. Roberto vuelve. Maldonado pide hablar con Rancales, quien se niega e intenta sacar su revólver. Roberto le toma la mano a tiempo, salvando la vida del comisario. "Gracias" dice éste, y se va del cabaret ante la mirada tensa de los parroquianos.

Plano al reservado. Gutiérrez invita al parroquiano afortunado a sentarse, seguidos de Rancales y Roberto. Los cuatro comienzan a jugar, mientras distintos planos nos muestran que la noche avanza dentro del café. En un plano general, observamos que Maldonado y sus hombres se distribuyen por la calle, preparando una emboscada.

Plano medio del reservado, con Roberto de frente a la cámara. Los hombres estafan al parroquiano, sin que aparentemente éste se dé cuenta. El hombre, derrotado, invita a Roberto a beber unos tragos.

Corte al interior del café. Rancales y Marga salen.

Corte a la calle. La cámara sigue a la pareja, hasta que son detenidos por los policías emboscados.

Corte al cabaret. Roberto y el parroquiano charlan. El hombre le explica que se dio cuenta de la estafa, pero no está enojado. Le ofrece que se vaya con él y que juntos pueden hacer una sociedad de estafas en cruceros de lujo. Azorado, Roberto acepta la oferta.

Fundido a negro. En plano detalle, vemos una carta que Roberto le escribió a Irina, excusándose de que no pueda verle, pero que no olvida el ofrecimiento. De fondo, se escucha en el piano la melodía leitmotiv de la película.

Plano general de la sala de Alina, donde la descubrimos leyendo la carta mientras dos niñas interpretan "Melodía de arrabal" al piano. La muchacha se levanta y se acerca al piano, para interpretar "No sé por qué", ante la atenta mirada de las niñas.

Fundido a negro. Plano general de Roberto Ramírez –ahora rebautizado Torres, pretendido hijo de ricos estancieros– jugando a las cartas y ganando. La cámara le sigue fuera del cabaret, donde le espera Gutiérrez (ahora bajo el falso nombre de "Pedro Ventura"). El amigo intenta encenderle un cigarrillo, sin éxito. "Prefiero mis fósforos –dice Roberto, extrayendo su caja–, no fallan nunca".

Fundido a negro. Plano detalle de una misiva, que anuncia la libertad condicional de Rancales, luego de quince meses de prisión. Plano general de la puerta de la cárcel. Vemos salir a Rancales.

Fundido a negro. Interior de una habitación, donde Roberto y Gutiérrez desayunan rodeados de lujo y confort. Suena el teléfono y Gutiérrez se levanta a atender. Los llaman del club, donde se está organizando una nueva partida de cartas. Roberto se queja de tener que jugar y mentir desde hace un año; resignado acepta ir.

Asimismo, confiesa que todas las noches va a ver a Alina. Gutiérrez le pregunta si está enamorado. La cámara pasa a primeros planos alternados entre los dos hombres, hasta que Roberto, luego de asegurar que no tiene derecho a enamorarse "un hombre como yo", se levanta y se va a la otra habitación. El director nos muestra a Gutiérrez en la primera habitación y, utilizando la profundidad de campo, a su amigo en la otra.

Corte. Plano general de la sala de la casa de Alina. La mujer está frente al piano, rodeada de muchos niños. Un plano del espejo nos la muestra cantando una versión reducida del vals "Evocación", mientras los niños la escuchan embelesados.

En montaje paralelo, vemos a Roberto acercarse a la casa, mientras que Alina y sus estudiantes realizan, sobre música en off, una coreografía de "La marcha de los granaderos".

Finaliza la canción. Alina descubre que Roberto ha ingresado a la casa, y le invita a cantar con ella. Juntos interpretan "Mañanita de sol". En contraplano, observamos que Rancales pasa casualmente por la puerta de la casa y descubre a Roberto.

Plano general de la sala. Los niños se despiden de la pareja y salen de la casa. Alina le insiste a Roberto para que le deje ayudarle a triunfar en el mundo del espectáculo, pero el hombre se resiste. Poco después suena una bocina y el hombre parte, ante la desazón de la joven.

Plano de la calle. Vemos a Rancales, quien espera la salida de Roberto y comienza a seguirle.

Fundido a negro. Primer plano de un vehículo, al que se aproximan Roberto y Pedro, con la intención de ir al convenido juego de cartas. En la oscuridad, escuchan la voz de Rancales, quien les pide dinero. Los hombres aceptan y parten, seguidos por el viejo compinche.

Fundido encadenado a un cartel que dice "Radio Central". Fundido encadenado a un plano general de la sala de la radio, donde mucha gente espera ser atendido por el director (Felipe Sassone). Ingresa Alina, quien atraviesa toda la sala e ingresa al despacho. Se saludan. La muchacha le dice que ha descubierto a un talento. El director le cuenta que está lleno de talentos y le abre varias habitaciones para que escuche a las nuevas promesas de la lírica y el canto popular. Luego le pide a su secretario que haga pasar a un hombre y le hace cantar; muestra pocas dotes; el director le pide que vuelva al otro día. "Ahí le tienes –le dice a Alina–, todos Ases del café; luego ante el micrófono o el escenario, hay que oírlos: sotas y gracias".

La joven defiende a Roberto y le asegura que es el mejor. El empresario accede a escucharle; para ello les invita a una fiesta que darán al otro día. Alina se va.

Fundido encadenado. Elipsis temporal: es la noche siguiente. Plano detalle del director de la radio mozo preparando un trago. De fondo, la gente baila contenta. Contraplano de Roberto y Alina en el balcón, charlando. El director y dueño de casa invita a Alina a cantar al piano. La muchacha accede e interpreta "Suspiro al evocar", tomada por un primer plano y con música extradiegética.

Al finalizar, Roberto se acerca y le acompaña al balcón. Sigilosamente Alina vuelve al piano e interpreta algunos acordes de "Cuando tú no estás". Roberto los escucha y comienza a cantar la canción. En profundidad de campo vemos a Alina, al director de la radio y los invitados que le oyen con respeto. Al llegar a la mitad de la canción, la joven le hace entrar al salón para que cante ante todos. Roberto accede, recibiendo los aplausos de los presentes. El director se acerca y le felicita.

Fundido encadenado a un cartel que anuncia "Roberto Ramírez". Corte a Rancales, quien le pide dinero al barman y se queja de su situación.

Corte al despacho del director de la radio, quien se halla con Alina. El hombre le explica sus estrategias para lograr instalar a Roberto como cantante.

Corte a la casa de Roberto y Gutiérrez. El hombre, entusiasmado, pega el afiche de promoción de su futura actuación. Los amigos charlan sobre sus posibilidades, y

Gutiérrez le convence de ir a jugar a las cartas por última vez. Roberto toma el teléfono y llama al director, quien sigue con Alina.

Plano alternado del despacho del empresario y la casa de Roberto. Los hombres charlan sobre el futuro espectáculo y luego Alina habla con él, deseándole lo mejor. Finalmente, Roberto y su amigo van al hotel a jugar, pero el promisorio cantor decide dejar sus cartas de tahúr y jugar limpiamente.

Fundido encadenado a la entrada del hotel. En un posible *raccord* de mirada de los amigos, vemos a Rancales esperándoles. Contraplano a Gutiérrez y Ramírez. El segundo baja del auto para ajustar cuentas con el viejo compinche. Los dos forcejean. Para desviar la atención de la policía, Gutiérrez finge un accidente automovilístico, ocasión que aprovecha Roberto para introducirse al lobby del hotel. Rancales le sigue de cerca, y le quiere chantajear con informarle a Alina sobre su pasado. Saca un arma y en el momento en que dispara, Roberto desvía el arma contra el propio agresor.

Plano de la calle. Gutiérrez, el personal del hotel y los policías escuchan el tiro. Un hombre del hotel ingresa al salón para informar que han encontrado un cadáver en el ascensor. El gerente observa el cuerpo y va al teléfono para llamar a la policía. Gutiérrez también ve el cadáver.

Corte a Roberto, saliendo sigilosamente de una cabina telefónica y luego a la calle.

Corte a la policía. El que llega es el inspector Maldonado junto a un médico forense. Ambos conversan con el gerente del hotel y luego van a inspeccionar al cadáver. Gutiérrez reconoce al inspector y se escabulle, antes de que éste pueda verle.

Maldonado reconoce a Rancales. Intrigado, interroga al personal del hotel para entender cómo ocurrió el asesinato, ya que el ascensor apareció en el tercer piso, y el disparo había sonado en la planta baja.

Corte a la calle. En plano general, vemos a Roberto ingresar al hotel, como si nada hubiese ocurrido. En plano alterno, observamos al inspector que inspecciona el ascensor y encuentra un fragmento de fósforo.

Ingresa Roberto, quien finge venir de la calle y querer jugar a las cartas. El inspector le mira, intrigado, pero sin reconocerle del café. Le pide fuego y Roberto está a punto de caer en la trampa y sacar sus fósforos. Gutiérrez, rápido de reflejos, se acerca y le da su encendedor, alegando que se le había caído en el auto. El comisario enciende su cigarrillo y se va.

Corte al inspector, que ahora observa con detenimiento el ascensor en la planta baja. Allí descubre que el fósforo encaja en los botones y es posible hacerle accionar sin usar las manos. Al llegar al tercer piso, el fósforo cae. Vuelve a la planta baja, donde le espera el gerente.

El inspector sospecha de Torres y pregunta si es afortunado en el juego. El gerente desestima la sospecha, pues alude que es hijo de un estanciero poderoso.

Corte a la salida del teatro. Un *travelling* sigue al inspector, quien observa un cartel anunciando la presentación de Roberto Ramírez (el seudónimo de Torres). La cámara alterna entre el primer plano del inspector y el afiche, presentado en *raccord* de mirada.

Fundido encadenado a otro afiche de Roberto Ramírez. A través de este recurso se plantea una elipsis temporal y ya es el momento del estreno. Corte al interior de la sala, donde se ve a la orquesta afinar y varios planos generales de la gente acomodándose en las butacas.

Interior del camarín de Roberto. El cantor, vestido de smoking, se pasea por la habitación. Se abre la puerta e ingresa Alina. Primer plano alternado de ambos, intercalado con plano medio de la pareja. Se abre la puerta e ingresa el productor.

Corte. Roberto se prepara a salir.

Se abre el telón. Planos generales y medios del cantor, quien interpreta "Silencio". La escena se intercala con contraplanos del palco donde Alina y sus alumnos observan emocionados la perfomance de Roberto.

La canción finaliza: ovación del público. En bastidores, Gutiérrez felicita a Roberto, al mismo tiempo que le informa que el inspector sospecha de él. Roberto se cambia de ropa y se pone el traje que usaba en los tiempos del café.

Vuelve a salir a escena para interpretar "Melodía de arrabal". Planos y contraplanos que nos muestran a Roberto cantando, al público, la llegada del inspector a la platea y la preocupación de Gutiérrez en bastidores.

El director desdobla la pantalla para mostrarnos al cantor cantando el tango en el teatro y en el café. Con este recurso, nos presenta el *raccord* de mirada del inspector y el recuerdo de aquella noche, lo que se refuerza con la mirada de Maldonado.

Los planos breves se suceden, augurando el desenlace. Roberto finaliza la canción y debe salir a escena varias veces para saludar.

Corte al hall del teatro. El empresario recibe al público que sale de la sala, evidentemente entusiasmado.

La escena se intercala con Roberto, quien al ingresar a su camarín se encuentra con el inspector Maldonado. Plano medio de ambos, intercalado con un primer plano de Roberto. Maldonado le ha descubierto; todo parece terminar para Torres/Ramírez, como lo expresa un primer plano de su rostro. Sin embargo, los acontecimientos dan un giro cuando el inspector le entrega un papelito con el fósforo del ascensor (mostrado en un plano detalle de las manos de Roberto) y le perdona el crimen, pues Maldonado reconoce que el hombre le salvó la vida en aquella oportunidad en el café. El inspector sale, al mismo tiempo que ingresa Alina al camarín.

Roberto le confiesa que él no es quien ella piensa, que le ha mentido, pero la joven le interrumpe. Se besan. Luego el hombre toma el fósforo que le diera el inspector y lo enciende, al tiempo que dice "Es mi pasado: mi pasado que arde". La cámara se va a un plano detalle del fósforo en un cenicero. Fundido encadenado al tocadiscos del principio, donde se escucha "Melodía de arrabal". La cámara sale de la disquería del principio, retrocediendo por la calle por donde habíamos visto por primera vez a Roberto, al tiempo que vemos cómo va despertando el arrabal. Sobre la calle, se inscriben las palabras "Fin".

Fundido a negro. Luego, el logo que dice "Es un film Paramount" (con un fondo sobre impreso de nubes que pasan) sobre el leitmotiv de la película, en una versión que resuena como una rumba. Un cartel indica: "Imperio Argentina (Alina) Carlos Gardel (Roberto Ramírez)" y abajo, en letras más pequeñas: "Pedro Ventura... Vicente Padula", "Rancales... Jaime Devesa", "Marga... Helena D'Alguy", "El empresario... Felipe Sassone", "Maldonado... Manuel Paris", "Julián... José Arguelles". Debajo de todo, en letras aún más chicas: "Y la orquesta típica argentina de Juan C. Mateo". Fundido a negro.

Algunas curiosidades:

- En la escena en que Alina va a visitar al director de la radio, vemos cantar a un joven. El mismo arranca a capela con unos versos de "Tomo y obligo" (canción que había interpretado Gardel en *Luces de Buenos Aires*).

- En esa misma escena, la muchacha le pregunta al director de radio quién es para él el mejor cantor de tango. "Alfredo de Ferrari –contesta el hombre– cuál va ser. Allí sí que hay carne de Tango". En la vida real, Alfredo de Ferrari efectivamente existió. Hijo de Juan Deferrari y María Spinetto, ambos italianos y perteneciente la madre a la familia del mercado homónimo, desde muy joven cultivó la amistad de Carlos Gardel, siendo ambos habitués del popular Café de los Angelitos, donde solían concurrir junto con José Razzano, Armando Deferrari, uno de los hermanos de Alfredo.
- En 1935, Alfredo enferma gravemente: sarcoma de pulmón. Falleció el 4 de junio, a los cuarenta y seis años de edad. La muerte de Alfredo entristeció profundamente a Gardel, quien escribió a Defino el día 20 de junio: "Me afectó extraordinariamente la noticia de la muerte del pobre Alfredo Deferrari, a quien yo le hubiera dado cien años de vida por su excelente condición. Ya mandé el pésame a la familia y te ruego que vos también expreses a esa pobre gente todo mi pesar. Cuando el pobre había encontrado la felicidad en su hogar recién construido ocurre esta injusta desgracia... Que Dios le ampare...".

Bibliografía

Libros y artículos en libros

Barcia, José; Fulle, Enriqueta y Macaggi, José Luis (1991), *Primer diccionario gardeliano*, Corregidor, Buenos Aires.
Barsky Julián y Barsky Osvaldo (2004), *Gardel la biografía*, Editorial Taurus, Buenos Aires.
— (2008), *La Buenos Aires de Gardel*, Sudamericana, Buenos Aires.
— (2010), *Gardel, el cantor del tango*, Ediciones Libros del Zorzal, Buenos Aires.
Batistella, Mario y Le Pera, José (1937), *Carlos Gardel. Su vida artística y anecdótica*, Semec, Buenos Aires.
Borges, Jorge Luis (2001), "Sobre el doblaje", *Discusión, Obras completas*, Emecé, Buenos Aires.
Cadícamo, Enrique (1975), *La historia del tango en París*, Corregidor, Buenos Aires.
— (1988), *Mis memorias*, Corregidor, Buenos Aires.
Calistro, Mariano (1978), *Reportaje al cine argentino. Los pioneros del sonoro*, Anesa-Editorial Crea, Buenos Aires.
Canaro, Francisco (1999), *Mis memorias. Mis bodas de oro con el tango*, Corregidor, Buenos Aires.
De Caro, Julio (1964), *El tango en mis recuerdos. Su evolución en la historia*, Centurión, Buenos Aires.
Defino, Armando (1968), *Carlos Gardel. La verdad de una vida*, Compañía General Fabril Editora, Buenos Aires.

Del Greco, Orlando (1990), *Gardel y los autores de sus canciones*, Akian Ediciones, Buenos Aires.

Descalzi, Ricardo (1990), "Carlos Gardel: símbolo y síntesis del tango", *Al troesma desde la mitad del mundo*, Trama Editores, Quito.

D'Lugo, Marvin (2007), "Gardel, el film hispano y la construcción de la identidad auditiva", *Cine, nación y nacionalidades en España*, Casa de Velázquez, Madrid.

Ferrer, Horacio (1999), "Gardel y su mito", *La Historia del Tango*, volumen 9, Corregidor, Buenos Aires.

Gallo, Dante (1986), *Así conocí a Carlos Gardel y a Celedonio Esteban Flores (Cele)*, edición del autor, Buenos Aires.

García Jiménez, Francisco (1951), *Vida de Carlos Gardel. Contada por José Razzano*, Crismar, Buenos Aires.

— (1965), *El tango. Historia de medio siglo 1880-1930*, Eudeba, Buenos Aires.

— (1976), *Carlos Gardel y su época*, Corregidor, Buenos Aires.

Gaudreault, Andre y Jost, François (1995), *El relato cinematográfico. Cine y narratología*, Paidós, Barcelona.

Karush, Matthew B. (2012), *Cultura de Clase, radio y cine en la creación de una Argentina dividida (1920-1946)*, Ariel-Editorial Paidós, Buenos Aires.

Manso, Carlos (1999), *Imperio Argentina*, El Francotirador, Buenos Aires.

Moncalvillo, Mona (1981), *Conversaciones con Edmundo Guibourg. El último bohemio*, Celtia, Buenos Aires.

Muoyo, Adrián (2000), *Gardel y el cine, la otra dimensión del mito*, en revista virtual *Tuxys*, Buenos Aires.

Peluso, Hamlet y Visconti, Eduardo (1990), *Carlos Gardel y la prensa mundial*, Corregidor, Buenos Aires.

— (2014), *Carlos Gardel y la prensa mundial después de su muerte*, Corregidor, Buenos Aires.
Pesce, Rubén (1999), *La Historia del Tango,* Corregidor, Buenos Aires.
— (1993), "Alfredo Le Pera", *La historia del tango*, tomo 18, Corregidor, Buenos Aires.
Simari, Tomás (1956), *¡Mi historia la escribo yo!*, edición del autor, Buenos Aires.
Tucci, Terig (1969), *Gardel en Nueva York*, Webb Press, Nueva York.
Puccia, Enrique H. (1997), *El Buenos Aires de Ángel Villoldo, 1860-1919*, Corregidor, Buenos Aires.
Wast, Hugo (1929), *Flor de durazno,* Editores de Hugo Wast, Buenos Aires.
Zinelli, Carlos y Macaggi, José L. (1987), *Carlos Gardel. El resplandor y la sombra*, Buenos Aires, Corregidor.
Zúñiga, Ángel (1948), *Una historia del cine*, Ediciones Destino, Barcelona.

Diarios

Clarín, Argentina.
El Plata, Uruguay.
Jornada, Argentina.
La Nación, Argentina.
ABC, España.

Revistas

Aconcagua, Buenos Aires, 1930.
Antena, Buenos Aires, 1933.
Cancionera, Montevideo, 1931.

La Maga, Buenos Aires, 1995.
Radiofilm, Buenos Aires, s/f.
Radio Revista, Buenos Aires, 1931.

Artículos en revistas

Amuchástegui, Irene (1998), "Cada día escribe mejor", revista *Viva*, diario *Clarín*, 29 de marzo.
Casinelli, Roberto (1958), "Vida, pasión y muerte de Carlos Gardel", revista *Cantando*, año II, n.º 90, 23 de diciembre.
Estol, Horacio (1991), "Gardel en París", serie de notas publicadas en la revista *Aquí Está*. Disponible en Barcia, J *et al.* (1991).
Manetti, Ricardo (s/f), "El cine español, una Babel", revista *Cien años de cine*, n.º 15, diario *La Nación*.
Néstor (1931), "El bataclán criollo conquista la pantalla", revista *El Hogar*, año XXVII, n.º 1132, 26 de junio.
Petit de Murat, Ulises (1939), "Sepamos quien inició a Gardel en el cine criollo", revista *Guión*, año I, n.º 12, 17 de mayo.
Sosa Cordero, Osvaldo (1963), "Gardel en nuestro tiempo", s/d.
Sánchez, Carlos (1931), "Conversando con Carlos Gardel", revista *Ideal Film*.
Sassone, Florindo (1935), "In memorian de Carlos Gardel", revista *Blanco y Negro*, 7 de julio.

Sitios y artículos online

Cameron (2015), *Paramount in Paris or Babel by the Seine*, en The Blonde at the Film.

Dennilauler, Rene (2006), "Joinville-le-Pont: su historia", Blog de la Asociación de Historia Enciclopedia Juvinus Villa, 27 de abril. Disponible en: telefónica.net/web/andrescarranquerios/joinville.htm.

Elena, Alberto (s/f), *Cine y públicos en América Latina: el período mudo,* Disponible en: www.otrocampo.com.

García Blaya, Ricardo (1999), "Todo Tango". Disponible en: www.todotango.com.ar.

Kyrou, Adonis (s/f), *Cine y surrealismo.* Disponible en: www.academiadelapipa.org.ar

Mármol de Moura, Marcelo (2010), Pedro Quartucci, el boxeador olímpico de la Familia Falcón. Disponible en: marcelomarmoldemoura.blogspot.com.ar/2010/11/pedro-quartucci-el-boxeador-olimpico-de.html

Martínez, Marcelo O. (2015), *Luces de Buenos Aires. Análisis del film (Parte I).* Disponible en www.gardel.es

"Mundo Gardeliano", sitio web de San Francisco, Estados Unidos, bajo la dirección de César Fratantoni.

Pinsón, N. y García Blaya, R. (s/f), "Las quince películas cortometraje de Gardel". Disponible en: www.TodoTango.com

Otras fuentes

Benoit, Georges, *Juan sin ropa* [largometraje], Argentina, 1919.

Cairo, Humberto, *Nobleza gaucha* [largometraje], Argentina, 1915.

CD BMCD, sello Blue Moon, serie Cancionero de Oro, editado en España.

Crosland, Alan, *El cantor de Jazz* [largometraje], Estados Unidos, 1927.

Filmografía completa de Carlos Gardel.

Filmografía completa de Alfred Hitchcock.
Greca, Alcides, *El último malón* [largometraje], Argentina, 1918.
Gunche, Enrique Ernesto, Martínez de la Pera, Eduardo y Parravicini, Florencio, *Hasta después de muerta* [largometraje], Argentina, 1916.
Moglia Barth, Luis. *Tango* [largometraje], Argentina, 1933.
— *Dancing* [largometraje], Argentina, 1933.
— *Riachuelo* [largometraje], Argentina, 1934.
Morera, Eduardo, *Ídolos de la radio* [largometraje], Argentina, 1934.
Entrevista a María Esther Gamas, realizada por Enrique F. Espina Rawson, revista *La Nación*, 26 de diciembre de 1999, Buenos Aires.

Este libro se terminó de imprimir en junio de 2017 en Imprenta Dorrego (Dorrego 1102, CABA).

www.ingramcontent.com/pod-product-compliance
Lightning Source LLC
Chambersburg PA
CBHW031708230426
43668CB00006B/154